SCHÄFFER
POESCHEL

Markus Reiter

Schreibtipps
für Studierende

2011
Schäffer-Poeschel Verlag

Bibliografische Information der Deutschen Nationalbibliothek
Die Deutsche Nationalbibliothek verzeichnet diese Publikation in der
Deutschen Nationalbibliografie; detaillierte bibliografische Daten sind
im Internet über http://dnb.d-nb.de abrufbar.

ISBN 978-3-7910-3073-9

© 2011 Schäffer-Poeschel Verlag für Wirtschaft · Steuern · Recht GmbH
www.schaeffer-poeschel.de
info@schaeffer-poeschel.de

Einbandgestaltung: Melanie Frasch
Satz: Marianne Wagner
Druck und Bindung: C.H. Beck, Nördlingen
Juli 2011

Schäffer-Poeschel Verlag Stuttgart
Ein Tochterunternehmen der Verlagsgruppe Handelsblatt

Was geht ab?

Okay, jetzt steht sie also an, die erste schriftliche Hausarbeit, oder, je nach Studienfach, eventuell schon die Bachelorarbeit. Vielleicht haben Sie sie eine Zeitlang vor sich hergeschoben. Das kommt gar nicht so selten vor, und wir werden an späterer Stelle noch sagen, was man dagegen tun kann.

Aber egal, jetzt kommen Sie nicht mehr darum herum. Und werden sich sicherlich fragen: Worauf um Himmels Willen muss ich bei einer wissenschaftlichen Arbeit achten? Wie unterscheidet sich eine Hausarbeit an der Uni oder der Fachhochschule von meinen Schulaufsätzen? Worauf legen Professoren und ihre Assistenten (das sind nämlich diejenigen, die Ihre Arbeit hauptsächlich zu Gesicht bekommen werden) Wert?

Dieser Ratgeber ist ein kleines Rettungspaket für schriftliche wissenschaftliche Arbeiten. Wir haben ihn so konzipiert, dass Sie ihn locker an einem Nachmittag durchlesen können und danach die wichtigsten Regeln für korrekte Haus-, Bachelor- oder Masterarbeiten kennen.

Wir fangen damit an, dass Sie lernen, eine gute Ausgangshypothese zu formulieren und helfen Ihnen, den Stoff zu strukturieren sowie die richtige wissenschaftliche Form zu finden. Wir geben Tipps, wie Sie sich verständlich ausdrücken können, wie Sie korrekt zitieren und am Ende Ihren eigenen Text (oder den eines Kommilitonen) redigieren. Und wir haben auch ein paar Ratschläge, was Sie tun können, sobald Sie einmal auf dem Schlauch stehen und das Gefühl haben, sie bekämen keinen klaren Satz mehr auf den Bildschirm.

Aber wir versprechen Ihnen keine Wunder: Wissenschaftliches Arbeiten ist immer mit Anstrengung und Mühe verbunden. Sie müssen sich nämlich damit beschäftigen, was andere vor Ihnen zu Ihren Themen gedacht und was sie darüber niedergeschrieben haben. Sie müssen sehr viel Material sammeln, Texte lesen, verstehen, eigenständig durchdenken und zu einer neuen These weiterentwickeln. Sie müssen Ihre Erkenntnisse nachvollziehbar gliedern und in eine logische Form bringen. Diese Form muss dem Standard ihrer Wissenschaft entsprechen. Fremder Leute Gedanken müssen Sie als solche kenntlich und Ihr Wissen nachprüfbar machen.

Sie müssen sich eine neue Fachsprache erarbeiten und sorgfältig mit Ihren Worten umgehen, weil es in der Wissenschaft auf die Präzision der Sprache ankommt. Und machen wir uns nichts vor: Nicht immer haben sich die etablierten Vertreter Ihres Faches die Mühe gemacht, ihren eigenen Gedanken und Forschungsergebnissen eine verständliche Form zu geben. Sie werden also die eine oder andere harte Nuss zu knacken haben, wenn Sie wissenschaftliche Literatur lesen. In diesem Ratgeber werden Sie zum Glück ein paar Tipps finden, die Ihnen helfen, klarer, verständlicher und luzider zu formulieren als manche Ihrer Professoren.

Sie sehen: Das Studentenleben ist kein Ponyhof. Aber wissenschaftliches Arbeiten macht verdammt viel Spaß, wenn man nämlich nach langem Grübeln endlich eine eigene Erkenntnis in Worte fassen kann. Das erkannte schon der alte Archimedes aus Syrakus. Als ihm im Badezuber das Archimedische Prinzip klar wurde (es geht da um den Auftrieb von Masse im Wasser), sprang er auf, lief splitterfasernackt durch die Stadt und rief dabei wie von Sinnen: »Heureka!« Auf Deutsch: »Ich hab's!«

Gut, Sie sollten besser angezogen bleiben – aber das eine oder andere Heureka! steht Ihnen in Ihrer wissenschaftlichen Laufbahn mit Sicherheit noch bevor.

Markus Reiter   Stuttgart, im Mai 2011

Der Autor

 Dipl. Pol. Markus Reiter betreibt das Büro »Klardeutsch« in Stuttgart. Er ist Schreib- und Kommunikationstrainer für Journalisten, Öffentlichkeitsarbeiter und Manager. Reiter wirkt als Dozent auch an mehreren Journalistenschulen. Er studierte Politikwissenschaft, Volkwirtschaftslehre und Geschichte an den Universitäten Bamberg, Edinburgh und an der Freien Universität Berlin. Reiter war stellvertretender Chefredakteur der deutschen Ausgabe von *Reader's Digest*, Feuilletonredakteur der *Frankfurter Allgemeinen Zeitung* und Mitglied der Geschäftsleitung einer Kommunikationsagentur. Er hat bislang ein Dutzend Bücher zu den Themen Sprache, Journalismus und Kultur veröffentlicht.

Inhaltsverzeichnis

1 Was soll ich schreiben?

Um was es in diesem Kapitel geht:
▸ Wie finde ich ein Thema, das sich für eine Haus- oder Bachelorarbeit eignet?
▸ Wie grenze ich ein Thema ein?
▸ Wie formuliere ich eine These?
▸ Wie bereite ich die Erarbeitung eines Themas vor?
▸ Wie plane ich den zeitlichen Ablauf meiner Arbeit?

Ein Thema finden

Das erste Problem, das auf Studierende zukommt, wenn sie eine Hausarbeit verfassen sollen, lautet: Über was soll ich eigentlich schreiben? Mit dieser Schwierigkeit sind in erster Linie Studentinnen und Studenten der Geistes- und Sozialwissenschaften konfrontiert. Zum einen stehen in diesen Fächern öfter als zum Beispiel bei den Naturwissenschaften, eigene Hausarbeiten an, bei denen es auf die sprachliche Ausarbeitung ankommt. Zum anderen kommt es hier häufiger vor, dass die Professoren und Dozenten keine Vorschläge für Themen ausgeben. Aber auch auf Studierende zum Beispiel in den Rechtswissenschaften oder in den wirtschaftswissenschaftlichen Fächern kommt das Problem spätestens dann zu, wenn sie ein Thema für ihre Bachelorarbeit vorschlagen müssen.

Die Sache ist ja in der Tat nicht ganz einfach, denn in den ersten Semestern fehlt einem Studierenden der Überblick über sein Fach. Deshalb gerät er leicht in Gefahr, in eine von zwei Fallen zu tappen: entweder das Thema zu eng zu fassen oder zu weit.

Fasst man sein Thema zu eng, so stellt man eventuell nach anfänglicher Recherche fest, dass es nur unzureichend Literatur dazu gibt. Das kann auch geschehen, wenn es sich noch um ein sehr junges oder um ein sehr exotisches Phänomen handelt. In der Regel braucht es ein bis drei Jahre, bevor ein Ereignis oder ein Phänomen wissenschaftlich aufgearbeitet wird. Denn die Wissenschaftler müssen ja selbst erst einmal eine Ausgangsthese formulieren, eine Finanzierung für das Forschungsvorhaben finden, Quellen erschließen und auswerten, ihre Erkenntnisse zu Papier bringen und sie in einer wissenschaftlichen Zeitschrift veröffentlichen. Allein Letzteres kann schon ein sehr langwieriges Unterfangen sein. Bei quantitativen Untersuchungen gilt zudem, dass die entsprechenden Daten erst nach geraumer Zeit verfügbar sind.

Sollten Sie sich also entschließen, über ein sehr aktuelles Thema zu schreiben, müssen Sie sich darauf einstellen, ausschließlich mit so genannten Primärquellen zu arbeiten. Dazu zählen offizielle Statistiken (wenn es sie schon gibt), Akten (wenn Sie Zugang zu ihnen erlangen können), Artikel in Tageszeitungen und Fachzeitschriften (aber eben nicht wissenschaftlichen Zeitschriften) und vielleicht sogar Interviews mit Akteuren oder Beobachtern. So etwas kann sehr spannend werden, aber es sollte Ihnen bewusst sein, dass dies erhöhte Anforderungen an ihre wissenschaftliche Methode stellt.

Es empfiehlt sich deshalb, bevor Sie Ihrem Professor oder Dozenten ein Thema vorschlagen, eine kleine Literaturrecherche zu machen. Was wurde zu diesem Thema und seinem Umfeld bereits wissenschaftlich veröffentlicht? Gibt es vielleicht einen Spezialisten, der zu diesem bestimmten Thema sehr viel geschrieben hat und an dem Sie nicht vorbeikommen? Oder handelt es sich um ein sehr umstrittenes Gebiet, bei dem zwei oder mehr extreme Meinungen hart aufeinanderprallen? Dann müssen Sie zumindest bereit sein, die verschiedenen Ansichten vorzustellen und abzuwägen. Es erfordert aber auch mehr Courage, selbst Stellung zu beziehen.

Fasst man ein Thema zu weit, wird die Literaturrecherche schnell uferlos, man gerät ins Schwimmen und hat am Ende das Gefühl, eher eine Habilitationsschrift verfassen zu müssen als eine Haus- oder Bachelorarbeit.

Ein Thema zu weit zu fassen, gehört zu den häufigsten Anfängerfehlern im Studium. Das liegt zum einen daran, dass man zu Beginn das Fachgebiet noch nicht überblicken kann. Es ist Studierenden am Anfang oft gar nicht klar, wie viel Literatur zu bestimmten Themen bereits veröffentlicht worden ist und wie weit sich eine Fragestellung in der Wissenschaft auffächern lässt.

Wer sich deshalb auf Arbeiten einlässt mit Überschriften wie »Moderne Marketinginstrumente« oder »Stilelemente der mittelalterlichen Architektur« wird rasch verzweifeln. Also grenzen Sie Ihr Thema inhaltlich, zeitlich und räumlich ein. So ließe sich zum Beispiel im Rahmen einer Haus- oder Bachelorarbeit schreiben über »Der Einsatz des Guerrillamarketings bei der Werbekampagne der Firma XY für den Energydrink XSuperFit« oder »Die Verwendung der Rosette in der gotischen Kathedralenkunst Frankreichs« (eventuell noch weiter eingeschränkt »...am Beispiel von Notre-Dame de Paris«).

Hier ein paar Beispiele für wirtschaftswissenschaftliche Bachelorarbeiten, die an der Goethe-Universität in Frankfurt am Main am Lehrstuhl für Mikroökonomie eingereicht worden sind:

▸ Das Pipeline-Projekt Nabucco – Eine spieltheoretische Betrachtung des Eintritts in den Erdgasmarkt.

▸ Eine spieltheoretische Analyse von Markttransparenz am Beispiel der Billigfluggesellschaften.

▸ Das Moral Hazard Problem einer Rating Agentur im Kontext der Finanzkrise.

▶ Die strategische Bedeutung von Patenten als Markteintritts-
barrieren – Der Fall Polaroid Corp. vs. Kodak.

Ein Blick auf die bisherigen Bachelorarbeiten gibt Ihnen übrigens Aufschluss über besondere Vorlieben oder Forschungs-
schwerpunkte der jeweiligen Professoren. Im Frankfurter Beispiel etwa scheint eine Neigung zu spieltheoretischen Ansätzen
vorzuliegen.

**Konzentrieren Sie sich auf einen Teilaspekt, zu dem eine
ausreichende, aber nicht unüberschaubare Fülle an wissenschaftlicher Literatur gut zugänglich ist.**

Gut zugänglich bedeutet, dass Sie das meiste in der Bibliothek
Ihrer Hochschule finden und es nicht erst umständlich per Fern-
leihe besorgen müssen. Erst wenn Sie sich an eine spezialisierte
Arbeit heranwagen, zum Beispiel für den Master, kann es notwendig werden, auch auf entlegenere Werke zurückgreifen zu
müssen. Das gilt sowohl für Monographien (also ganze Bücher
über ein bestimmtes Thema) als auch für Sammelwerke und für
Artikel in wissenschaftlichen Zeitschriften.

Wenn Sie selbst für Ihre Arbeit kleine Forschungsarbeiten in
Angriff nehmen wollen: Überschätzen Sie sich nicht! Gerade
quantitative Erhebungen (zum Beispiel Umfragen) erfordern
einen hohen methodischen Aufwand, um wissenschaftlich seri-
ös zu sein. Wenn Sie so etwas machen wollen, besprechen Sie
es mit Ihrem Dozenten und arbeiten Sie am besten mit Kommilitonen in einem Team an der Fragestellung.

Eine Frage müssen Sie noch klären: Wollen Sie eine **empirische Arbeit** schreiben oder eine **Literaturarbeit**? Bei einer empirischen Arbeit werden Sie selbst zum Forscher. Sie setzen ein
kleines Forschungsprojekt in Gange, bei dem Sie selbst Daten
erheben, zum Beispiel indem Sie ein Experiment oder eine Umfrage durchführen. Bei einer Literaturarbeit setzen Sie sich mit
dem auseinander, was andere herausgefunden und in der Sekundärliteratur veröffentlicht haben.

Kriterium	Empirische Arbeit	Literaturarbeit
Zeitaufwand	mittel	hoch
Eigenständigkeit	hoch	gering
Risiko des Scheiterns	hoch	mittel
Originalität	hoch	mittel
Fleißfaktor	hoch	mittel
bevorzugt geeignete Fächer	Naturwissenschaften, Medizin	Jura, Sozial-, Wirtschafts- und Geisteswissenschaften

Übrigens:

Manche Themen springen einen geradezu an, weil man selbst mitten drin steckt. Das ist aber oft nicht gut für die wissenschaftliche Objektivität. Sollten Sie also gerade als Greenpeace-Aktivist an einer wahnsinnig spannenden Facebook-Kampagne gegen die Urwaldzerstörung in Indonesien mitarbeiten, überlegen Sie sich besser genau, ob Sie darüber Ihre Bachelorarbeit zum Thema »Einsatz von sozialen Netzwerken im Kampagnenmarketing von Nichtregierungsorganisationen« schreiben wollen.

Eine These formulieren

Ein Thema grenzt nur das Gebiet ein, über das Sie Ihre Arbeit verfassen wollen. Es ist der erste Schritt. Selbst wenn Sie sich mit Ihrer Kunstgeschichte-Professorin auf das Thema »Die Verwendung der Rosette in der gotischen Kathedralenkunst Frankreichs« geeinigt haben, werden Sie in Ihrer Arbeit nicht *alles* über die Rosette in der französischen Gotik schreiben können. Und zwar aus zwei Gründen nicht: Erstens ist es immer noch viel zu viel Stoff. Und zweitens würde sich ihr Leser am Ende fragen: Was wollte mir der Autor (oder die Autorin) damit nun eigentlich sagen?

Sie brauchen darum eine **Arbeitshypothese**.

Dazu machen Sie sich am besten zunächst Gedanken darüber, was Sie eigentlich erfahren wollen, wenn Sie sich mit dem Thema befassen. Was interessiert Sie an dem Thema? Welcher Aspekt ist Ihnen wichtig? Aus welcher Perspektive wollen Sie diesen Aspekt betrachten? Welche Fragen möchten Sie am Ende Ihrer Arbeit beantwortet haben. Man spricht von der wissenschaftlichen Fragestellung. Das, was Sie dabei herausfinden wollen, nennt man das Erkenntnisinteresse.

Nehmen wir an, es geht Ihnen um den »Einsatz des Guerrilamarketings bei der Werbekampagne der Firma XY für den Energydrink XSuperFit«. Dann könnten mögliche Fragestellungen lauten: Welche Arten des Guerillamarketings eignen sich für einen Energydrink besonders gut und wie lässt sich das am Erfolg der Marke XSuperFit nachweisen? Oder: Ist Guerrillamarketing in diesem besonderen Marktsegment der klassischen Werbung überlegen? Oder: Welche besonderen Schwierigkeiten treten zwischen dem Marketing des Herstellers XY und der beauftragten Kreativagentur bei der Planung von Guerillamarketingkampagnen auf?

▶ Zweierlei wird an diesem Beispiel deutlich: Ein Thema lässt sich stets mit vielen möglichen Fragestellungen angehen. Sie müssen sich also für eine begrenzte Zahl miteinander zusammenhängender Fragen entscheiden.

▶ Eine Fragestellung kann eher allgemein sein oder sehr spezifisch. Oft werden Sie es mit beiden Typen zu tun haben. Die sehr konkreten Fragen richten sich an den Fall, den Sie untersuchen. Mit den eher allgemeinen Fragen versuchen Sie herauszufinden, inwieweit dieser Fall beispielhaft für einen allgemeinen Trend, eine allgemeine Entwicklung ist oder sogar eine Gesetzmäßigkeit darstellt.

Für kleinere Arbeiten, wie sie Haus- und Bachelorarbeiten in der Regel darstellen, ist es besser, spezifische, konkrete Fragen zu formulieren. Sie helfen Ihnen, die Fülle an Material in den Griff zu bekommen, zum Beispiel bei der Sekundärliteratur.

Sobald Sie sich für Ihre Fragestellung entschieden haben, lesen Sie die Fachliteratur nur im Hinblick darauf. Andere Aspekte vernachlässigen Sie. Auf diese Weise verhindern Sie, vom Hölzchen aufs Stöckchen zu kommen – und trotzdem das Gefühl nicht los zu werden, kein Land unter den Füßen zu gewinnen.

Sie sind aber noch nicht fertig mit Ihren gedanklichen Vorarbeiten. Denn jetzt erst kommt die schon erwähnte Arbeitshypothese.

Das Wort Hypothese kommt aus dem Griechischen und besagt so viel wie »Unterstellung« oder »Vorannahme«. Denken Sie einfach an einen Aha-Effekt für Ihre Leser – und auch für Sie selbst. Die Hypothese ist jene Aussage, die Sie mit Ihrer Arbeit belegen oder zu Fall bringen wollen. Um diese Aussage zu verstehen, benötigen wir – Achtung! – ein kleines bisschen Wissenschaftstheorie. Wenn Sie sich da schon auskennen, ignorieren Sie einfach den folgenden Hintergrund. Man spricht am Anfang übrigens von einer *Arbeitshypothese,* um deutlich zu machen, dass sie im Laufe ihrer Arbeit noch modifiziert werden kann.

Versuchen Sie, Ihre Hypothese so einfach und so knapp wie möglich zu formulieren. Dabei hilft Ihnen ein Gedankenexperiment. Stellen Sie sich vor, Sie verabschieden einen guten Freund am Bus. Die Türen können sich jeden Moment schließen. Da fällt ihnen ein, dass Sie ihm noch die zentrale These Ihrer nächsten Hausarbeit erzählen wollten. Sie haben nur noch wenige Sekunden Zeit, dann ist die Tür zu und der Bus fährt ab. Was sie ihm jetzt zurufen, der **Buszuruf**, steht im Mittelpunkt ihrer weiteren Arbeit am Text.

Wenn Sie sich auf einen klaren Buszuruf festlegen, verhindern sie zudem, dass ihre Arbeit nur eine Überblicksdarstellung dessen wird, was sie andernorts gelesen haben. Natürlich müssen Sie den Stand der Forschung berücksichtigen, also auch die Gedanken anderer Leute, aber selbst Ihre Hausarbeit sollte mehr sein als eine Zitatesammlung aus der Sekundärliteratur.

Wissenschaftstheorie: Verifikation und Falsifikation

Wissenschaft will unser Wissen um die Welt erweitern. Es geht ihr, philosophisch gesprochen, um Erkenntnis. Und, halten Sie sich fest: Sogar Ihre kleine Bachelorarbeit ist ein Teil dieses gewaltigen, Zeit und Raum umfassenden Erkenntniswillens der Menschheit.

Damit wir die Welt erklären können, brauchen wir Theorien. Sie dienen dazu, kausale Zusammenhänge zu erläutern. Moderne Wissenschaft geht nämlich grundsätzlich davon aus, dass es so etwas wie Kausalität gibt, also dass eine Ursache eine Wirkung zur Folge hat. Und darüber hinaus geht sie davon aus, dass wir – wiederum grundsätzlich gesprochen – diese Gesetzmäßigkeiten mithilfe des Verstandes erkennen können. Dazu gebrauchen wir die Logik.

Nun kann man sich vorstellen, eine wissenschaftliche Behauptung auf zwei verschiedene Arten zu untermauern: die Verifikation und die Falsifikation. Der österreichisch-britische Wissenschaftstheoretiker Karl Popper (1902-1994) hat die beiden Methoden am Beispiel eines schwarzen Schwans erläutert. Nehmen wir an, ein Wissenschaftler behauptet: Alle Schwäne sind weiß. Um dies zu belegen, sucht er die Natur nach so vielen weißen Schwänen wie möglich ab. Jeder neue weiße Schwan stellt für ihn einen Beweis für seine These dar. Wissenschaftstheoretisch gesprochen: Jeder neue weiße Schwan verifiziert die Behauptung.

In seiner »Kritischer Rationalismus« genannten Wissenschaftstheorie schlägt Karl Popper einen anderen Weg vor. Seiner Auffassung nach sollte der Wissenschaftler aktiv nach einem schwarzen Schwan suchen (es gibt tatsächlich welche). Hat er einen gefunden, wäre die Behauptung »Alle Schwäne sind weiß« widerlegt. Sie wäre falsifiziert.

Das ist nämlich das Spannende an der Wissenschaft: Alle Erkenntnisse sind vorläufig. Sie gelten so lange, bis sie jemand falsifiziert. Deshalb spricht man selbst bei sehr gut belegten Zusammenhängen von einer Theorie. Sogar die außerordentlich gut nachgewiesene Evolutionstheorie bräche zusammen, wenn Forscher ein Menschenskelett fänden, das so alt ist wie die Dinosaurier.

An Ihrer Arbeitshypothese werden Sie sich im weiteren Verlauf Ihres wissenschaftlichen Schreibens abarbeiten. Dabei werden Sie mit Sicherheit auf Fakten und Meinungen stoßen, die zu Ihrer These im Widerspruch stehen. Ihre Aufgabe wird es sein, gute Argumente für Ihre Auffassung zu finden.

Dazu müssen Sie natürlich auch festlegen, welcher **Methoden** Sie sich für Ihre Haus- oder Bachelorarbeit bedienen. In den Geisteswissenschaften beschränken sich Studierende oft auf die Auswertung der Sekundärliteratur. In den wirtschafts- und sozialwissenschaftlichen Fächern wenden sie häufig, in den Naturwissenschaften fast immer empirische Methoden an. Ziel eines Studiums ist es ja nicht zuletzt, wissenschaftliche Methoden kennenzulernen und adäquat einzusetzen. Sprechen Sie mit Ihrem Betreuer darüber, was sich in Ihrem Fall am besten eignet.

Den Schreibprozess planen

Wie Sie sehen, müssen Sie sich schon eine ganze Menge Gedanken gemacht haben, bevor Sie mit dem Schreiben Ihrer Haus- oder Bachelorarbeit anfangen können. Dozenten und Professoren stellen bei Studierenden immer wieder zwei entgegengesetzte problematische Herangehensweisen fest. Der eine Teil fängt viel zu früh mit dem Schreiben der Arbeit an. So wird der Text unstrukturiert, die Gedanken schwirren wirr umher und der Leser weiß am Ende nicht, was ihm der Autor eigentlich mitteilen wollte. Ein anderer Teil schiebt das Schreiben zu lange auf. Diese Studenten lesen immer neue Aufsätze und Bücher, verirren sich in immer entlegenere Nebenaspekte und sitzen zum Schluss Tag und Nacht mit roten Augen am Computer, um das alles aufzuschreiben.

Beides sollte Ihnen nicht passieren. Deshalb gilt:

Dreiteilen Sie die Zeit bis zur Abgabe Ihrer wissenschaftlichen Arbeit.

Nach dem ersten Drittel sollten Sie einen Überblick über die vorhandene Sekundärliteratur gewonnen, sich ein wenig eingelesen, die Fragestellung ausgearbeitet und eine Arbeitshypothese formuliert haben. Dann fangen Sie mit der Gliederung an und fertigen Exzerpte aus der Literatur an. Spätestens nach zwei Dritteln der Zeit beginnen Sie mit dem Schreiben.

Diese Aufteilung gilt übrigens auch, wenn Sie ein eigenes kleines Forschungsprojekt in Angriff nehmen. In diesem Fall widmen Sie das erste Drittel der Planung, das zweite Drittel der Durchführung und das dritte der Verschriftlichung.

Wichtig ist auch, dass Sie sich über den **Umfang** Ihrer Arbeit im Klaren sind. Vor der Bologna-Reform kam es gelegentlich vor, dass Diplomarbeiten auf den Umfang von Habilitationsschriften angewachsen waren, weil die Autoren einfach kein Ende finden konnten.

Wie viele Seiten ihre wissenschaftliche Arbeit hat, hängt vom Fach und von ihrer Stellung ab. In den Naturwissenschaften und der Medizin kommt man oft mit sehr knappen Umfängen aus, weil es vielfach nur um die Protokollierung einer empirischen Arbeit, zum Beispiel eines Experimentes, geht. In Jura, den Wirtschafts- und Sozialwissenschaften und vor allen den Geisteswissenschaften erwarten die Prüfer in der Regel eine umfangreichere Arbeit. Grob gerechnet, müssen Sie bei einer Bachelorarbeit von 20 bis 60 Seiten ausgehen, Hausarbeiten sind knapper. Fragen Sie auf jeden Fall Ihren Betreuer.

Übrigens:

Tricksen geht nicht! Wer glaubt, mit Hilfe des Zeilenab-
stands und der Schriftgröße seine Arbeit aufblähen oder
schrumpfen zu können, hat sich geschnitten. Viele Prüfungsordnungen schreiben die Formatierung vor. Naja,
zugegeben: Kleine Tricks, zum Beispiel bei der Größe der
Fußnoten oder beim Anhang, kann man schon mal pro-
bieren.

2 Wie bringe ich es dem Leser bei?

Um was es in diesem Kapitel geht:
► Wie gliedere ich eine wissenschaftliche Arbeit?
► Wie behalte ich den roten Faden und die logische Struktur?
► Was macht eine klare Argumentation aus?
► Wie bewahre ich den Überblick?

In diesem Kapitel bekommen wir es, was sich nicht auf den ersten Blick erschließt, mit zwei unterschiedlichen Dingen zu tun. Zum einen geht es um die **formale Gliederung** einer wissenschaftlichen Arbeit. Damit sind jene Teile gemeint, die zu einer Haus-, Bachelor- oder Masterarbeit gehören. Sie werden in vielen Fällen von den Lehrstühlen und den entsprechenden Prüfungsordnungen vorgeschrieben. An diese Vorschriften müssen Sie sich halten – aber sie helfen Ihnen nicht, Ordnung in Ihre Gedanken zu bekommen. Zum zweiten (zeitlich gesehen aber zuerst) müssen Sie sich also darum kümmern, eine **logische Struktur** in den Stoff zu bekommen, den Sie in Ihrer Arbeit behandeln. Es geht also um ein Gerüst für Ihre Gedanken.

Die formale Gliederung

Weil es die einfachere Sache ist, fangen wir mit der formalen Gliederung an. Sie kann von Fach zu Fach, von Hochschule zu Hochschule und von Lehrstuhl zu Lehrstuhl leicht variieren. Im Großen und Ganzen umfasst eine wissenschaftliche Arbeit, die von Studierenden verfasst wird, stets diese Teile:

Deckblatt. Darauf steht Ihr Name, ggf. Ihre Matrikelnummer, Anschrift und E-Mail-Adresse, die Hochschule, der Fachbereich und der Lehrstuhl (oder der Name des betreuenden Professors oder Lehrbeauftragten), an dem Sie Ihre Arbeit einreichen. Außerdem natürlich der (vollständige) Titel, ggf. der Untertitel und die Art der Arbeit (z. B. Bachelorarbeit, Hausarbeit, Seminararbeit etc.). Vielfach wird auch noch das Abgabedatum verlangt (in der Regel Monat und Jahr).

Inhaltsverzeichnis. Das Inhaltsverzeichnis umfasst alle Überschriften der Kapitel und Unterkapitel. Mit den meisten Text-
verarbeitungsprogrammen kann man es automatisch erstellen.
Nutzen Sie diese Funktion. So stellen Sie sicher, dass alle Überschriften wortgetreu im Inhaltsverzeichnis auftauchen und keine vergessen wird.

Manche Ratgeber schlagen vor, das Inhaltsverzeichnis ganz
am Anfang zu erstellen und damit die inhaltliche Gliederung
der Arbeit festzulegen. Das ist aber nicht unbedingt notwendig. Im Gegenteil: Ein weniger erfahrener Schreiber wird sich
eventuell durch ein fertiges Inhaltsverzeichnis davon abhalten
lassen, den Aufbau im Laufe des Schreibprozesses nochmals zu
überdenken und zu verändern. Viel wichtiger ist es, sich die
logische Struktur seines Textes vor Augen zu führen. Das Inhaltsverzeichnis ist letztlich nur das formale Gerüst.

Am häufigsten werden wissenschaftliche Arbeiten dezimal
gegliedert, und zwar in Kapitel (1, 2, 3 usw.), Unterkapitel (1.1;
1.2; 1.3…) und Unter-Unterkapitel (1.1.1, 1.1.2, 1.1.3…1.2.1,
1.2.2 usw.). Jede Ebene sollte aus mindestens zwei Gliederungspunkten bestehen.

Auch andere Gliederungsarten werden gelegentlich genutzt,
zum Beispiel mit lateinischen Groß- und Kleinbuchstaben oder
mit griechischen Buchstaben.

Übrigens:

Die deutsche Wissenschaftstradition hat offenbar einen
Heidenspaß am Gliedern, weshalb Sie in dicken Monographien oft sogar Unter-Unterunterkapitel und Unter-
Unterunterunterkapitel finden. Lassen Sie solchen Un-
sinn bleiben! Man kann einen Text auch zu Tode gliedern
und stiftet dabei statt Übersichtlichkeit nur Verwirrung.

Abstract. Manche Betreuer wissenschaftlicher Arbeiten verlangen vor dem eigentlichen Text ein Abstract, also eine Zusammenfassung der wichtigsten Ergebnisse. Ein solches Abstract
umfasst in der Regel nicht mehr als eine halbe oder viertel Seite
(ca. 700-1.000 Zeichen). Das ist in etwa so viel wie dieser Absatz. In ihm fassen Sie Ihre Arbeitshypothese und das Ergebnis

Ihrer wissenschaftlichen Auseinandersetzung mit ihr zusammen, eventuell ergänzt um ein, zwei Sätze zu den angewandten Methoden. Wenn Sie so wollen, handelt es sich um den etwas erweiterten Buszuruf. Falls Sie Beispiele suchen: Aufsätze in wissenschaftlichen Zeitschriften haben oft ein Abstract, manchmal auch in einer anderen Sprache (also findet man etwa bei einer deutschsprachigen wissenschaftlichen Zeitschrift ein englischsprachiges Abstract).

Tipp: Stellen Sie sich vor, Ihre Arbeit erscheine als Buch und Sie müssten dazu den Klappentext verfassen.

Textteil. Nun folgt der eigentliche Textteil. Wie dieser aufgebaut ist, erfahren Sie weiter unten in diesem Kapitel.

Anmerkungen. Das gilt natürlich nur für den Fall, dass Sie sich entscheiden, Ihre Anmerkungen an das Ende des Textes zu setzen. Dann werden die Anmerkungen im Text mit Fußnoten durchlaufend nummeriert (was die Textverarbeitungsprogramme automatisch machen). Nur bei sehr umfangreichen Arbeiten ist es üblich, die Anmerkungen kapitelweise zu nummerieren. Die andere, ebenfalls übliche Möglichkeit besteht darin, die Fußnoten ans Ende der jeweiligen Seite (selten auch ans Ende des jeweiligen Kapitels) zu setzen – darum heißen Fußnoten übrigens so. Wie Sie's machen, ist Geschmackssache (und natürlich abhängig von den Vorschriften des Fachbereichs oder Lehrstuhls). Die letztgenannte Methode erleichtert jenen das Lesen, die sich wirklich für die Anmerkungen interessieren und sie nachprüfen wollen – und erschwert es denen, die das nicht wollen. Im Deutschen unüblich, im angelsächsischen Raum verbreitet: Sie verzichten ganz auf Fußnoten, sondern zitieren die Seitenzahl und die ersten und letzten Wörter der Stelle, zu der Sie Anmerkungen haben (Beispiel: »S. 245 ›Das Vorgehen bei... (...) ...zu Ende zu führen‹« und dann die Anmerkung). Für Literaturverweise benutzen Sie dann die amerikanische Zitierweise. Mehr zu Anmerkungen und Zitieren im Kapitel 5.

Anhang. Anhängen können Sie einer wissenschaftlichen Arbeit eine ganze Menge. Vor allem in den Naturwissenschaften finden sich hier Messreihen, Statistiken, Grafiken, Tabellen und weiteres empirisches Material. In den Sozialwissenschaften fügen die Autoren ebenfalls Material aus der empirischen Untersuchung bei, zum Beispiel die Fragen und Ergebnisse einer Umfrage. Außerdem können Sie Verzeichnisse der Abkürzungen, Bilder und Grafiken anhängen.

Eidesstattliche Erklärung. Sie haben Ihre Arbeit ja wohl selbständig gemacht, nirgendwo abgeschrieben, ohne es zu belegen, und nicht ganze Absätze aus dem Internet geklaut? Dann brauchen Sie auch nichts zu befürchten, wenn Sie dies in einer eidesstattlichen Erklärung bestätigen. Sie ist vor allem für Abschlussarbeiten (Diplom, Bachelor, Master, Dissertation usw.) vorgeschrieben. Den genauen Text finden Sie in den Prüfungsordnungen und den Vorgaben Ihres Fachbereichs oder Lehrstuhls. Übernehmen Sie ihn wörtlich!

Die logische Struktur

Die formale Gliederung ist natürlich wichtig, und sie entscheidet darüber, ob Ihre Arbeit grundsätzlich als wissenschaftlich anerkannt wird. Die Annahme von Abschlussarbeiten, bei denen gewisse formale Voraussetzungen nicht erfüllt sind, wird sogar oft verweigert.

Trotzdem: Wer zwar schön brav alle Formalia einhält, aber inhaltlich Kraut und Rüben liefert, hat den Sinn wissenschaftlichen Arbeitens nicht verstanden.

Zu den wichtigsten Kriterien von Wissenschaftlichkeit gehört es, dass jeder Leser die Gedankengänge des Autors nachvollziehen kann.

Das heißt:
- ► Sie müssen Argumente bringen, nicht nur Behauptungen.
- ► Sie müssen Ihre Gedanken Schritt für Schritt darlegen. Gedankensprünge verwirren den Leser.
- ► Sie müssen Gegenargumente berücksichtigen.

Versetzen Sie sich in die Lage eines Lesers, der mit Ihrem Thema nicht vertraut ist. Diese Person hat im Prinzip weder die relevante Fachliteratur gelesen (über die Sie natürlich einen Überblick besitzen), noch besitzt sie über das allgemeine Grundverständnis hinaus Kenntnisse über das Thema. Überlegen Sie sich, wie Sie Ihr Thema in einem Vortrag einer Gruppe von nicht vorbelasteten Zuhörern verständlich machen würden. Sie müssten Ihren Zuhörern also erst einmal erklären, worüber Sie zu sprechen gedenken. Dann würden Sie ihnen sagen, wie Sie vorgehen werden, damit man sich auf das Folgende besser einstellen kann. Dann werden Sie Ihre Zuhörer an die Hand nehmen und sie von Argument zu Argument geleiten. Zum Schluss werden Sie nochmals zusammenfassen, was Sie gesagt haben, damit sich die Zuhörer besser daran erinnern.

Wenn Sie andere mit Argumenten überzeugen wollen, müssen Sie selbst verstanden haben, was Sie sagen.

Dieser Grundsatz hört sich banal an, wird aber von vielen Studierenden in ihren wissenschaftlichen Arbeiten missachtet. Halb verdaute Theorien und nicht zu Ende gedachte Argumentationsstränge finden sich in vielen Haus- und Bachelorarbeiten (und manchmal sogar in Dissertationen). Hier drei Tipps, wie Sie Klarheit in Ihre Gedanken bekommen:

- **Gespräch:** Versuchen Sie einem unbeteiligten Dritten, zum Beispiel einem Kommilitonen oder Ihrem Lebenspartner, zu erklären, wie Sie in Ihrer Arbeit argumentieren wollen. Ermuntern Sie die Person dabei, möglichst viel nachzufragen. So stoßen Sie am ehesten auf Lücken und Ungereimtheiten. Grundsätzlich geht übrigens ein guter Betreuer ähnlich vor – leider ist es nicht sicher, dass Sie auf einen guten Betreuer stoßen.

- **Selbstgespräch:** Wenn Ihnen überhaupt kein Partner zur Verfügung steht, weil Sie sich entschlossen haben, ihre Bachelorarbeit während eines Aufenthaltes auf einer einsamen Karibikinsel zu schreiben: Führen sie ein Selbstgespräch, in dem Sie sich selbst Ihre Überlegungen erklären. Allein schon dadurch, dass Sie Gedanken mündlich formulieren, klären sie sich oft. Falls Ihre Mitmenschen auf Ihr Selbstgespräch argwöhnisch reagieren, können Sie ihnen erklären, dass so etwas im Mittelalter und der frühen Neuzeit nicht unüblich war.

Übrigens:

Bestimmt wird man Ihnen erzählen, dass Sie Ihre Abschlussarbeit nicht für die Prüfer schreiben, sondern ganz allgemein an die Wissenschaftsgemeinde richten. Das stimmt – und auch wieder nicht. Es stimmt, weil sie vermutlich bestimmte Voraussetzungen mit Ihrem Betreuer besprochen haben, diese jedoch in Ihrem Text dem Leser nicht als bekannt voraussetzen dürfen. Es stimmt nicht, weil jeder Studierende mit einer gewissen pragmatischen Herangehensweise die Vorlieben und Abneigungen potenzieller Prüfer bei seiner Abschlussarbeit berücksichtigen wird.

▸ **Visualisierung:** Als sehr hilfreich erweist es sich vielfach, seine Argumentation grafisch zu veranschaulichen. Schreiben Sie also Ihre einzelnen Gedanken, Fundstücke, Überlegungen und Argumente auf ein Blatt Papier und zirkeln Sie sie jeweils ein. Dann verbinden Sie die einzelnen Kreise in logischer Folge miteinander. Gegebenenfalls sollten Sie sie nummerieren. Auf diese Weise entsteht ein Bild Ihrer Gedankengänge, das Sie bei der Niederschrift als Vorlage nutzen können.

Um die Sache zu erleichtern, hat sich die Wissenschaft auf einen bewährten Aufbau der Argumentation geeinigt. Sie müssen sich, je nach Fach, sicherlich nicht an jede Einzelheit halten, aber gerade wissenschaftliche Anfänger profitieren von dem vorgegebenen Gerüst.

Die folgende Tabelle gibt einen Überblick über den klassischen Aufbau:

Literaturarbeit	Empirische Arbeit
Einleitung	Einleitung
Stand der Forschung	Stand der Forschung
theoretischer Rahmen	verwendete Methoden
Vorstellung der Positionen	gewonnene Daten
Diskussion der Positionen	Diskussion der Daten
Schlussfolgerungen	Schlussfolgerungen
Zusammenfassung und Ausblick	Zusammenfassung und Ausblick

Übrigens:

Rechtswissenschaftliche Arbeiten haben eine ganz besondere Form. Auf sie können wir hier aus Platzgründen nicht eingehen. Aber keine Angst: Sie wird Ihnen im Studium zu Genüge eingetrichtert.

- ▸ **Einleitung.** Hier erläutern Sie dem Leser, was in Ihrer Arbeit behandelt wird. Sie legen ihm die wissenschaftliche Fragestellung dar, grenzen das Thema ein und verlieren eventuell ein paar Worte darüber, wo die Schwierigkeiten bei der Bearbeitung liegen. Sie erklären, welches Ziel die Arbeit verfolgt und umreißen mit wenigen Worten, wie Sie vorgegangen sind, um zu Ihren Schlussfolgerungen zu gelangen.

- ▸ **Stand der Forschung.** Hier fassen Sie kurz zusammen, was mit Blick auf Ihr Thema und Ihre Fragestellung in der Wissenschaft aktuell diskutiert wird. Sie geben damit zum einen dem Leser einen Überblick, zum anderen machen Sie als Autor deutlich, auf welcher Grundlage sie argumentieren werden. Widerstehen Sie aber der Versuchung, gleich eine ganze wissenschaftsgeschichtliche Abhandlung zu verfassen.

- ▸ **Theoretischer Rahmen.** In den Geistes-, Sozial- und Wirtschaftswissenschaften bewegen Sie sich häufig im Rahmen bestimmter Theorien, zum Beispiel der Spieltheorie (besonders beliebt bei Wirtschaftswissenschaftlern und Politologen) oder der Systemtheorie. Erläutern Sie in diesem Abschnitt, warum Sie sich für eine Theorie entschieden haben und was diese Theorie zu Ihren Erkenntnissen beim gewählten Thema beitragen kann.

- ▸ **Verwendete Methoden.** An dieser Stelle erläutern Sie, welche Methoden und Verfahren Sie benutzt haben – und warum.

- ▸ **Vorstellung der Positionen.** Wissenschaft ist Streit. Immer ist jemand anderer Meinung – und oftmals haben alle Kontrahenten gute Gründe für Ihre Ansichten. Diese Gründe stellen Sie hier vor, immer mit Blick auf Ihre Fragestellung.

- ▸ **Gewonnene Daten.** Wenn Sie selbst empirisch tätig waren: Hier ist der Ort, Ihre Daten vorzulegen, meistens in schönen Tabellen und Grafiken und statistisch korrekt aufbereitet.

- ▸ **Diskussion der Positionen/Daten.** Man kann in der Wissenschaft immer alles so oder so sehen. Hier erläutern Sie verständlich, logisch und überzeugend, wie Sie dazu gekommen sind, es so (und nicht anders) zu sehen. Dabei wägen Sie immer auch die Gegenargumente ab. Sie befinden diese dann entweder als falsch, als zu leicht oder Sie berücksichtigen sie, indem Sie Ihre Hauptaussage einschränken.

▸ **Schlussfolgerungen.** Und hier sagen Sie schließlich, welche Meinung Sie haben oder wie Sie die Daten interpretieren.

▸ **Zusammenfassung.** Wenn Sie Pech haben, handelt es sich hierbei um den einzigen Teil Ihrer Arbeit, den Ihr Betreuer lesen wird. Deshalb fassen Sie das Gesagte nochmals knapp, überzeugend und in anderen Worten zusammen.

Achtung: Neue Argumente gehören nicht mehr hierher! Sie können aber einen Ausblick geben, welche neuen Fragen aufgeworfen wurden und was noch zu untersuchen wäre.

Interview

mit Frank Schätzing, Bestsellerautor

© ZDF

Schätzing, geboren 1957 in Köln, studierte Kommunikationswissenschaften, war Creative Director in internationalen Agenturnetzwerken und ist Mitbegründer einer Kölner Werbeagentur. Im Frühjahr 2004 erschien sein Roman »Der Schwarm«, in den umfangreiche naturwissenschaftliche Recherchen einflossen. Das Buch hat seit Erscheinen eine Gesamtauflage von 3,8 Millionen Exemplaren erreicht und ➜

wurde weltweit in 27 Sprachen übersetzt. 2006 erschien »Nachrichten aus einem unbekannten Universum«, ein populärwissenschaftliches Sachbuch über die Tiefsee.

Was können Autoren wissenschaftlicher Prosa von Thriller-Autoren lernen?

Den Stoff spannend aufzubereiten. Man verliert seine Leser, wenn es nicht gelingt, sie zu faszinieren. Dazu muss man keine Rahmenhandlung bemühen, denn die Welt an sich ist ja spannend. Im Allgemeinen nähern sich wissenschaftliche Texte bis dato unerforschten Phänomenen, also sollte man diese Annäherung als Entdeckungsreise schildern, als schrittweise Entschlüsselung des Rätselhaften, Geheimnisvollen. So erzeugt man einen Erzählsog, eine Faszination. Der Leser muss sich als Mitglied eines Expeditionsteams fühlen, das unterwegs ist, um mehr über die Welt herauszufinden. Wichtig ist auch, immer das große Thema im Auge zu behalten und sich nicht an falscher Stelle in Details zu verlieren, Pointen einzubauen, humorvoll zu erzählen. Und den Leser immer wieder zu überraschen. Die Enthüllung wichtiger Informationen einen Moment lang hinauszuzögern, so dass auch hierdurch Spannung entsteht. Am Ende muss der Leser sich gut unterhalten fühlen und mehr über das Thema wissen wollen.

Sie haben auch den Sachbuchbestseller »Nachrichten aus einem unbekannten Universum« geschrieben. Was sind die größten Probleme, denen ein Autor populärwissenschaftlicher Sachbücher gegenübersteht?

Die Popularisierung der Fachsprache darf nicht zu Lasten der wissenschaftlichen Präzision gehen. Was ich erst einmal nicht direkt als Problem bezeichnen würde, eher als Herausforderung. Zum Problem wird es, wenn das ➜

Experiment misslingt und der Text zugunsten einer besonders flotten Schreibe in faktische Schieflage gerät. Je unterhaltsamer der Stil, desto wichtiger, jeder inhaltlichen Überprüfung standhalten zu können.

Sie haben vermutlich für Ihre Bücher angelsächsische und deutschsprachige Fachliteratur gelesen. Welche Unterschiede haben Sie dabei festgestellt?

Im Angelsächsischen hat es die rigorose Trennung von E[rnsthaftes] und U[nterhaltendes] nie in einer solchen Weise gegeben wie in Deutschland. Man schreibt dort grundsätzlich unverkrampfter, populärer. Englische Wissenschaftler, aber auch amerikanische, nehmen sich – bei allem Stolz auf das, was sie tun – nicht so bierernst wie ihre deutschen Kollegen.

Glauben Sie, dass deutsche Wissenschaftler in Zukunft zugänglicher und verständlicher schreiben müssen – und wenn ja, warum?

Solange Wissenschaftler für andere Wissenschaftler schreiben, müssen sie vor allem präzise sein – Allgemeinverständlichkeit ist da kein Kriterium. In der Popularisierung ist es entscheidend, ob es einem Wissenschaftler gelingt, seine Termini, die für Laien ja eine Fremdsprache sind, in allgemein verständliches Deutsch zu übersetzen, ohne dabei faktisch unscharf zu werden. Und dies auf eine Weise, dass man sich, während man lesend lernt, auch noch gut unterhalten fühlt. Wir leben in einer globalen Gesellschaft, in der uns Informationen in Echtzeit erreichen und uns zugleich immer schnellere Reaktionen abfordern. Je besser wir die Welt um uns herum verstehen, desto besser können wir agieren. Bildung ist heute wichtiger denn je, und vermitteln können wir Bildung nur, indem Fachleute ihre Elfenbeintürme verlassen ➜

und mit der breiten Öffentlichkeit kommunizieren lernen. Meiner Erfahrung nach geschieht das in Deutschland zunehmend. Ich erlebe eine hohe Bereitschaft in der Wissenschaft, die Öffentlichkeit ins Boot zu holen, nur kann man von einem Wissenschaftler nicht zwangsläufig erwarten, dass er auch ein guter Journalist ist. Darum ist die Königsdisziplin in einer breiten Bildungsinitiative der Wissenschaftsjournalismus. Und da tut sich zurzeit eine Menge.

3 Welche Form wähle ich?

Um was es in diesem Kapitel geht:
▸ Was macht Haus- und Bachelorarbeiten aus?
▸ Was ist mit Masterarbeiten und Dissertationen?
▸ Welche Rolle spielen Thesenpapiere?
▸ Welche Besonderheiten gibt es bei Referaten?
▸ Worauf muss ich bei einem Protokoll achten?
▸ Welche Regeln gelten für Zeilenabstand und Schriftgröße?

Die Haus- oder Seminararbeit

Haus- oder Seminararbeiten sind die ersten wissenschaftlichen Texte, die man als Studierender verfassen muss. Manche haben zwar in der Oberstufe bereits eine Facharbeit geschrieben. Diese schwanken allerdings oft noch zwischen Schulaufsatz und wissenschaftlichem Text.

Mit Ihrer Seminararbeit werden Sie in der Regel die Wissenschaft keinen entscheidenden Schritt voranbringen. Sie werden normalerweise Ihrem Dozenten auch nicht viel Neues darin erzählen (wenn doch, sind Sie entweder genial oder Ihr Dozent schlecht vorbereitet). Je nach Studienfach dient die Hausarbeit mehr oder weniger drei Zwecken:

1. Sie als Autor sollen das wissenschaftliche Vorgehen und das Schreiben wissenschaftlicher Texte üben. Das bezieht sich zum einen auf den formalen Aufbau einer wissenschaftlichen Arbeit, zum anderen auf die Gedankenführung. Zudem sollen Sie zeigen, dass Sie in der Lage sind, die Methoden Ihres Faches selbständig anzuwenden und die entsprechenden Fachbegriffe korrekt zu benutzen.
2. Sie machen Ihre Kommilitonen im Seminar mit den Ergebnissen Ihrer Arbeit vertraut und erweitern so deren Stoffkenntnis. Dies geschieht meist dadurch, dass Sie Ihre Hausarbeit in einem Referat vorstellen.
3. Sie werden selbst schlauer, weil Sie sich in ein Thema einarbeiten müssen – und stellen dabei fest, dass sich Wissenschaftler nie ganz einig sind in der Bewertung eines Sachverhaltes.

Die Hausarbeit umfasst in der Regel um die 20 Seiten. Manchmal ist es möglich, so genannte Kollektivarbeiten abzuliefern,
das heißt, mehrere Studierende erarbeiten ein Thema gemein-
sam und stellen die Ergebnisse in einer einzigen Arbeit vor. Besonders wenn in den Naturwissenschaften Laborarbeit notwendig wird, erweist sich eine Kollektivarbeit als sinnvoll. In
vielen Fällen, vor allem in den Geistes-, Sozial- und Wirtschaftswissenschaften verlangen die Dozenten dennoch, dass der Beitrag der einzelnen Autoren erkennbar und unterscheidbar
bleibt.

Die Bachelorarbeit

»Die Bachelorarbeit soll zeigen, dass die Studentin bzw. der
Student in der Lage ist, ein Problem innerhalb einer vorgegebenen Zeit selbständig zu bearbeiten, wissenschaftliche
Erkenntnisse anzuwenden, die fachlichen Zusammenhänge
zu überblicken und die gewonnenen Erkenntnisse überzeugend, eindeutig, in angemessener Sprache und in übersicht-
licher Form darzustellen sowie Methoden und soziale Kom-
petenzen nachzuweisen.« (Prüfungsordnung zur Erlangung
des akademischen Grades Bachelor of Arts (B.A.) für den
Studiengang Betriebswirtschaft an der Fachhochschule An-
halt)

So oder ähnlich lauten die Beschreibungen der Anforderungen an eine Bachelorarbeit in fast allen Prüfungsordnungen der Hochschulen. Wie Sie sehen, fasst dieser Paragraph vieles zusammen, was in diesem Ratgeber schon erwähnt wurde, nämlich die Anforderung

- ein wissenschaftliche Problem zu definieren, also eine Fragestellung herauszuarbeiten,
- wissenschaftliche Erkenntnisse anzuwenden,
- nachzuweisen, dass man die Methoden des Faches beherrscht,
- die fachlichen Zusammenhänge zu begreifen, das heißt, einen Überblick über den Stand der Forschung zu gewinnen,
- überzeugend und eindeutig, das bedeutet logisch und nachvollziehbar, zu argumentieren.

Ein wichtiger Aspekt tritt noch hinzu: Die Leistung muss »innerhalb einer vorgegebenen Zeit« erbracht werden. In der Regel hat man zwei bis drei Monate Zeit. Das kann verflucht kurz werden, wenn man keinen klaren Zeitplan hat. Orientieren Sie sich an der Drei-Drittel-Faustregel, die auf Seite 20 vorgestellt wird. Ziehen Sie jedoch von der Gesamtzeit mindestens eine Woche ab. Sie dient Ihnen zum einen als Puffer, zum anderen benötigen Sie die Zeit, um das Geschriebene sorgfältig zu redigieren. Dazu gehört auch, die Arbeit auf Fehler in Rechtschreibung und Zeichensetzung zu prüfen. Es kommt immer wieder vor, dass Abschlussarbeiten wegen orthografischer Mängel abgewertet werden. Den Punkt Sprache behandeln wir ausführlich im folgenden Kapitel.

Ihre Bachelorarbeit werden Sie, in der Regel in zweifacher Ausfertigung ausgedruckt, dem Prüfer oder dem Prüfungsamt aushändigen müssen. Gelegentlich wird zusätzlich noch eine elektronische PDF-Fassung verlangt.

Es kann verdammt viel schiefgehen, also denken Sie auch an scheinbar banale Dinge:

- Machen Sie während des Schreibens stets eine Sicherungskopie auf einer externen Festplatte. Außerdem, sicher ist sicher, sollten Sie die Arbeit regelmäßig auf einem USB-Stick speichern, den Sie bei sich tragen oder an einem an-

deren Ort lagern – falls Ihre Bude abbrennt oder ausge-
raubt wird.

▸ Arbeiten Sie nicht auf den letzten Drücker. Vergewissern Sie
sich der Öffnungszeiten jener Stelle, bei der Sie Ihre Bachelorarbeit abgeben müssen. Denken Sie an Feiertage und frü-
here Schließzeiten vor Wochenenden.

▸ Prüfen Sie Ihren Drucker. Wäre doch ärgerlich, wenn Sie kurz
vor Schluss feststellen, dass Ihnen die Tinte oder der Toner
ausgegangen sind. Vermutlich werden Sie Ihre Arbeit binden
lassen wollen. Auch solche Dienstleister haben Öffnungs-
und Bearbeitungszeiten. Erkundigen Sie sich rechtzeitig.

Übrigens:

Bei der Bachelorarbeit ist ein wenig Pragmatismus ange-
sagt. Vielleicht finden Sie ja bei der Sichtung des Materi-
als die eine oder andere wissenschaftliche Arbeit Ihrer
Prüfer, die zu Ihrem Thema passt. Die Damen oder Her-
ren würden sich bestimmt freuen, wenn sie angemessen
berücksichtigt und zitiert werden. Als weniger klug dürf-
te es sich erweisen, Ihre gesamte Argumentation auf Arbeiten eines Erzkonkurrenten Ihres Professors aufzu-
bauen.

Die Bachelorarbeit umfasst in der Regel zwischen 40 und 60
Seiten. Viel mehr ist in der knappen Zeit nicht zu schaffen. Be-
denken Sie: Eine wesentliche Fähigkeit beim wissenschaftlichen
Arbeiten ist das Weglassen. Ein guter Prüfer wird nicht den
Fleiß Ihrer Schreibarbeit bewerten, sondern die Stringenz und
Überzeugungskraft Ihrer Argumentation.

Viele Prüfungsordnungen sehen übrigens vor, dass die Studierenden die zentrale These ihrer Abschlussarbeit zusätzlich in
einer mündlichen Prüfung verteidigen.

Masterarbeiten und Dissertationen

Die Masterarbeit unterscheidet sich nicht wesentlich von einer Bachelorarbeit. In der Regel ist sie umfangreicher (60 bis 100 Seiten, jedoch stark abhängig vom Fach) und Sie haben eine längere Bearbeitungszeit.

Der Mastergrad wird von vielen als erster Schritt in eine wissenschaftliche Karriere verstanden. Das schlägt sich in den Anforderungen an die Masterarbeit nieder. Man erwartet vom Autor, dass er oder sie einen selbständigeren Beitrag zur Forschung leisten, als das bei Bachelorarbeiten der Fall ist. Insbesondere wird erwartet, dass die Methoden des Faches auf eine originelle Fragestellung angewandt werden.

Wenn Sie über eine Doktorarbeit nachdenken, dann werden Sie hoffentlich wissen, wie man eine wissenschaftliche Arbeit verfasst. In der Dissertation wird vom Autor ein eigenständiger Beitrag zur Forschung, also ein Erkenntniszuwachs für das gesamte Fach, erwartet. Zugegeben: Manchmal sind diese Erkenntniszuwächse sehr klein. Aber immerhin wird ein Dissertationsthema von den zuständigen Gremien nicht angenommen, wenn es bereits eine Veröffentlichung zum exakt gleichen Thema gibt. Noch ärgerlicher ist es, wenn man mitten in der manchmal drei bis fünf Jahre dauernden Arbeit steckt – und ein anderer veröffentlicht vorher eine Arbeit zum gleichen Thema. Dann muss man nämlich den eigenen Fokus verschieben – oder nachweisen, dass der andere völlig unrecht hat.

Referat und Thesenpapier

In einigen Veranstaltungen und Studiengängen werden Sie die Möglichkeit oder die Pflicht haben, die Erkenntnisse aus Ihrer Haus- oder Seminararbeit mündlich vorzutragen. Seien Sie dankbar dafür! Vermutlich werden Sie in Ihrem späteren Berufsleben nur noch selten vor so grundsätzlich wohlwollenden Zuhörern mit überschaubaren Konsequenzen einen Vortrag halten können. Hier können Sie üben, damit Sie später nicht die erste Präsentation vor Kunden verbaseln.

Wobei schon klar wird, worin Ihr Referat nicht besteht: nämlich darin, dass Sie Ihre Hausarbeit vorlesen, es sei denn, sie
wollen sowohl Ihren Dozenten als auch Ihre Kommilitonen ein-
schläfern. Natürlich orientiert sich Ihr Referat an der Struktur
der Seminararbeit. Sie werden

► in einer kurzen Einleitung den Zuhörern erläutern, worüber
  Sie sprechen werden und wie das Referat aufgebaut ist,
► deutlich machen, wieso Ihr Referat wichtig ist und in welchen Zusammenhang es zum Thema des gesamten Seminars
  steht,
► mitteilen, welche Arbeitshypothese Sie zu beweisen gedenken,
► Ihre Zuhörer im Hauptteil mit den Argumenten vertraut
  machen, die Sie dazu vorbringen möchten,
► in einem Schlussteil den Zuhörern den Buszuruf nochmals in
  Erinnerung rufen und Ihnen sagen, wie toll es Ihnen gelun-
  gen ist, Ihre Arbeitshypothese zu belegen.

Dies alles werden Sie frei vortragen. Das macht Ihnen aber
nichts aus, weil Sie ja durch die Beschäftigung mit dem Thema
mit Ihrem Stoff und mit Ihren eigenen Argumenten vertraut
sind. Ihre Hausarbeit dient Ihnen beim Vortrag höchstens als
Gedächtnisstütze. Ihr Referat haben Sie zuhause geübt, wes-
wegen Sie sicher sind, dass Sie die Ihnen dafür zustehende Zeit
nicht überschreiten. Besser ist es sogar, sie unterschreiten sie im
Übungsdurchgang um ein paar Minuten, falls es im Seminar
Zwischenfragen gibt.

Damit die Zuhörer Ihrem Referat besser folgen können, sich
nachher an das Gesagte besser erinnern, abwesende oder einge-
schlafene Kommilitonen die wichtigsten Aussagen nachlesen
können, verteilen Sie zu Beginn Ihres Referates ein Thesenpapier.

In einem Thesenpapier konzentrieren Sie in verständlicher
Weise die Kernaussagen Ihres Referates. Jede These fassen Sie
in einem Satz zusammen und erläutern sie in höchstens drei bis
vier Sätzen. Die Formulierungen sollten von Ihnen stammen,
also nicht aus der Sekundärliteratur abgeschrieben sein. Sie
präsentieren die Thesen in logischer Reihenfolge. Am besten,
Sie nummerieren sie durch.

An den Kopf des Thesenpapiers setzen Sie Ihren Namen, die Veranstaltung, das Datum und den Titel Ihres Referates. Ans Ende gehört ein Verzeichnis der wichtigsten Literatur zu Ihrem Thema und der verwendeten Quellen. Insgesamt haben Sie für Ihr Thesenpapier maximal zwei DIN-A-4-Seiten Platz. Seien Sie froh darüber, denn da jeder Teilnehmer ein Exemplar erhält, sparen Sie so Kopierkosten!

Das Protokoll

Einige Lehrende verlangen in ihren Seminaren ein Seminarprotokoll. Zum einen sollen sich diejenigen, die eine Sitzung verpasst haben, anhand des Protokolls informieren. Zum zweiten kann ein Dozent auf diese Weise erkennen, ob der Protokollant verstanden hat, über was in dieser Sitzung diskutiert wurde. Deshalb wird das Protokoll gelegentlich auch zur Bewertung herangezogen. Zum dritten dokumentiert das Protokoll den Erkenntnisprozess und kann deshalb bei der Prüfungsvorbereitung von Nutzen sein. Sie sollten es zusammen mit den restlichen Seminarunterlagen abheften.

In der Regel handelt es sich bei diesen Protokollen um eine Mischung aus Verlaufs- und Ergebnisprotokoll. Ein reines Ergebnisprotokoll ist im akademischen Umfeld nicht sinnvoll, weil ja in der Regel keine Beschlüsse gefasst werden. Zudem ist in der Wissenschaft nicht selten der Weg zu einem Ergebnis nicht minder wichtig wie das Ergebnis selbst. Ein ausführliches Verlaufsprotokoll hingegen würde in den meisten Fällen den Rahmen sprengen, zumal es nicht darauf ankommt, welcher Teilnehmer nun genau welchen Wortbeitrag geliefert hat.

Im Seminarprotokoll
▸ fassen Sie die wichtigsten Ergebnisse der Veranstaltung zusammen,
▸ beschreiben Sie kurz, welche wesentlichen (!) Argumente die Teilnehmer vorgebracht haben,
▸ formulieren Sie sachlich und knapp, aber in vollständigen Sätzen (also nicht nur mit Stichwörtern) im Präsens auf nicht mehr als drei Seiten,

- ▸ zitieren Sie zentrale Aussagen eventuell wörtlich,
- ▸ enthalten Sie sich eigener Kommentare.

In den Kopf des Protokolls gehören der Name der Universität und der Fachbereich/das Institut, der Titel der Veranstaltung, Dozent, das Datum der protokollierten Veranstaltung und der Name des Protokollanten. Gegebenenfalls kommen noch der Titel des Referates und der Name des Referenten hinzu, wenn ein solches Referat Gegenstand der Sitzung war.

Die Hauptschwierigkeit für den Protokollanten besteht darin, Wichtiges von Unwichtigem zu trennen, das heißt, die Bedeutung der Argumente und Ergebnisse zu gewichten.

Formatierung: Schriften und Abstände

Textverarbeitungsprogramme verfügen über unzählige Schrifttypen, viele davon in unterschiedlichen Schnitten. Als Schriftschnitt bezeichnet man die Variationen der Grundschrift in ihrer Stärke, Breite oder Lage (also z. B. mager, **fett**, schmal, *kursiv*).

Übrigens:

Im Gegensatz zu früher, als wissenschaftliche Hausarbeiten mühsam mit der Schreibmaschine getippt wurden, gibt es heute zahlreiche Möglichkeiten der Gestaltung am Computer. Das hat große Vorteile, ist aber auch verführerisch. Eine gut gesetzte Arbeit sieht selbst dann professionell und abgeschlossen aus, wenn sie inhaltlich noch eine Baustelle ist. Bedenken sie also, dass Ihre geistige Arbeit und nicht Ihr Textverarbeitungsprogramm aus einer Rohfassung ein geschlossenes wissenschaftliches Werk macht.

Manche Institute und Lehrstühle haben eigene Vorschriften für die Formatierung der Arbeiten. In der Regel orientieren sie sich aber an folgenden formalen Vorgaben in DIN A 4:

Seitenränder
- ▸ linker Rand: vier Zentimeter
- ▸ rechter Rand: zwei Zentimeter
- ▸ oberer Rand: drei Zentimeter
- ▸ unterer Rand: zwei Zentimeter

Sowohl Block- als auch Flattersatz sind möglich. Blocksatz wirkt geschlossener und buchmäßiger; beim Flattersatz kommt es seltener zu unschönen Lücken zwischen den Wörtern.

Schrifttypen
Arial, Times New Roman oder eine ähnliche, unspektakuläre Schrift.

Gehen Sie lieber sparsam mit Hervorhebungen (**fett**, *kursiv*) um. Auf gesperrten Text sollten Sie ganz verzichten. Andererseits: In einem geschriebenen Text fehlt Ihnen die Prosodie, also die Betonung. Wie etwas betont werden soll, lässt sich durch gezielt eingesetzte Hervorhebung gut deutlich machen.

Bedenken Sie, dass Ihre Hervorhebungen in Zitaten durch einen Hinweis »[Hervorhebung durch den Verfasser]« in eckigen Klammern kenntlich gemacht werden müssen.

Schriftgrößen
- ▸ Grundtext: 12 Punkt
- ▸ Überschriften erster Ebene: 14-16 Punkt
- ▸ Überschriften zweiter Ebene: 12-14 Punkt
- ▸ Anmerkungen: 10 Punkt

Zeilenabstand
- ▸ im Fließtext 1,5-fach
- ▸ Anmerkungen einfach

Längere Zitate können eingerückt werden. Dann ist der Zeilenabstand einfach.

Paginierung

Durchgehend vom Deckblatt an (Seite 1), wobei das Deckblatt nicht paginiert wird. Das Inhaltsverzeichnis wird zwar mitge- zählt, aber meistens nicht paginiert. Die durchgehende Pagi- nierung (unten rechts oder in der Mitte) beginnt also mit der Einleitung.

4 Wie schreibe ich, damit ich verstanden werde?

Um was es in diesem Kapitel geht:
- ▶ Warum schreiben Wissenschaftler so kompliziert?
- ▶ Muss Wissenschaftssprache so unverständlich sein?
- ▶ Welches Geheimnis verbirgt sich hinter Klardeutsch?
- ▶ Wie helfen die vier Verständlichmacher, einen Text sprachlich zu bewerten?
- ▶ Wie lauten die fünf Regeln für verständliches Deutsch?
- ▶ Was geschieht in unserem Gehirn, wenn wir Texte lesen?

Wissenschaftliche Texte zu schreiben, bedeutet nicht, möglichst Unverständliches und Hochtrabendes zu fabulieren, indem man viele Fachbegriffe in unüberschaubare Satzkonstruktionen presst. Auch wenn man bei der Lektüre des einen oder anderen wissenschaftlichen Artikels oder Fachbuchs diesen Eindruck gewinnen könnte.

Wirklich gute wissenschaftliche Autoren bemühen sich, so verständlich wie möglich zu schreiben. Das hilft nicht nur dem Leser, sondern auch dem Autor. Wer klar formulieren muss, ordnet dabei seine Gedanken und vermeidet logische Fehler.

Das heißt natürlich nicht, dass Sie so schreiben sollen, wie Ihnen der Schnabel gewachsen ist. Vielmehr muss man zwei Dinge voneinander unterscheiden:
1. Ein aufgeblähter Wissenschaftsjargon, der tiefsinnige Gedanken suggeriert, wo in Wirklichkeit nur Geschwätz auszumachen ist. Hinter einem solchen Jargon verbirgt sich in vielen Fällen nur die Banalität der Argumentation. Darauf können Sie hoffentlich verzichten, denn Sie haben sicherlich etwas Erhellendes zu sagen.
2. Eine präzise Sprache, die die Unklarheit und die mangelnde Folgerichtigkeit der Alltagssprache vermeidet und trotzdem flüssig lesbar bleibt. Das ist die Sprache der Wissenschaft, nach der Sie streben sollten.

Keine Angst: Guter Stil ist keine Kunst, sondern Handwerk – jedenfalls, solange Sie nicht gerade den Nobelpreis für Literatur gewinnen wollen.

Übrigens:

Wussten Sie, dass der deutsche Historiker Theodor Mommsen für sein Geschichtswerk »Römische Geschichte« 1902 mit dem Literaturnobelpreis geehrt wurde? Man muss allerdings zugeben, dass sein Stil heute ob seiner Umständlichkeit nicht mehr ganz so geschätzt würde. Der erste Satz der »Römischen Geschichte lautet: »Rings um das mannigfaltig gegliederte Binnenmeer, das tief einschneidend in die Erdfeste den größten Busen des Ozeans bildet und, bald durch Inseln oder vorspringende Landfesten verengt, bald wieder sich in beträchtlicher Breite ausdehnend, die drei Teile der Alten Welt scheidet und verbindet, siedelten in alten Zeiten Völkerstämme sich an, welche, ethnographisch und sprachgeschichtlich betrachtet, verschiedenen Rassen angehörig, historisch ein Ganzes ausmachen.«

Hier ein Beispiel, um zu zeigen, dass eine klare und eindeutige, wissenschaftlich korrekte Sprache nicht unbedingt kompliziert und bürokratisch-trocken klingen muss. Der Historiker Michael Mitterauer schreibt in seinem Buch »Warum Europa?« über den Weizenanbau im Mittelalter: »Das Weizenbrot hatte... schichtspezifisches Prestige und rangierte in der Skala der Brotarten stets ganz oben. [...] Der Weizen trug zu jenem Prozess der Vergetreidung bei, der sich nun auch hier durchsetzte. [...] Wenn sich in diesen beiden von ihren naturräumlichen Voraussetzungen her so unterschiedlichen Agrarzonen Europas im Mittelalter gewisse Übereinstimmungen zeigten...«

Schichtspezifisches Prestige! Prozess der Vergetreidung! Naturräumliche Voraussetzungen! Diese unanschaulichen Formulierungen verhindern sogar eine präzisere Aussage: Ist Prestige nicht immer etwas, das spezifisch für bestimmte Schichten ist? Und durch welche Natur unterschieden sich die beiden Agrarzonen? Ohne an wissenschaftlicher Genauigkeit zu verlieren, sogar mit einem Gewinn an Information hätte der Autor schreiben können: »Die Reichen und Mächtigen aßen das prestigeträchtige Weizenbrot, die Armen und die Bauern aßen Grütze und Brei. (...) Der Weizen trug dazu bei, dass die Bauern immer öfter Getreide anbauten. (...) Im Mittelmeerraum war das Klima mild und es gab fruchtbare Böden. Die Böden im Norden waren karg, die Winter lang und kalt. Trotzdem gibt es im Mittelalter zwischen beiden Regionen Übereinstimmungen ...«

Übrigens:

In einem sehr schönen Text unter dem Titel »Gegen die großen Worte« (zu finden in der Aufsatzsammlung »Auf der Suche nach einer besseren Welt«, München 2006, 15. Aufl., S. 99-113), hat der Wissenschaftstheoretiker Karl Popper sich über einen Text des Frankfurter Sozialphilosophen Jürgen Habermas hergemacht. Getreu seinem Motto »Wer's nicht einfach und klar sagen kann, der soll schweigen und weiterarbeiten, bis er's einfach sagen kann«, übersetzt er einige Sätze von Habermas und des Sozialphilosophen Theodor W. Adorno, der von Habermas zitiert wird, in verständliches Deutsch. Hier ein Auszug aus der Popperschen Übersetzung:

Zitate aus Habermas´ Aufsatz: Die gesellschaftliche Totalität führt kein Eigenleben oberhalb des von ihr Zusammengefassten, aus dem sie selbst besteht.	Popper: Die Gesellschaft besteht aus gesellschaftlichen Beziehungen.
Sie produziert und reproduziert sich durch ihre einzelnen Momente hindurch.	Die verschiedenen Beziehungen produzieren *irgendwie* die Gesellschaft.
Nun spricht Habermas selbst: Adorno begreift die Gesellschaft in Kategorien, die ihre Herkunft aus der Logik Hegels nicht verleugnen.	Adorno verwendet eine an Hegel erinnernde Ausdrucksweise.

Er begreift die Gesellschaft als Totalität in dem streng dialektischen Sinne, der es verbietet, das Ganze organisch aufzufassen nach dem Satz: es ist mehr als die Summe seiner Teile;	Er sagt daher nicht, dass das Ganze mehr ist als die Summe seiner Teile;
ebensowenig aber ist die Totalität eine Klasse, die sich umfangslogisch bestimmen ließe durch ein Zusammennehmen aller unter ihr befassten Elemente.	ebensowenig ist (sic) das Ganze eine Klasse von Elementen.
Theorien sind Ordnungsschemata, die wir in einem syntaktisch verbindlichen Rahmen beliebig konstruieren.	Theorien sollten nicht ungrammatisch formuliert werden, ansonsten kannst du sagen, was du willst.
Sie erweisen sich für einen speziellen Gegenstandsbereich dann als brauchbar, wenn sich ihnen die reale Mannigfaltigkeit fügt.	Sie sind auf ein spezielles Gebiet dann anwendbar, wenn sie anwendbar sind.

Zugegeben: Was Popper hier macht, ist ein wenig fies – und wohl auch grundsätzlichen Meinungsverschiedenheiten mit Habermas geschuldet. Dennoch haben wir es mit einem schönen Beispiel zu tun, wie man die Phrasenhaftigkeit der Wissenschaftssprache entlarven kann. Zumal bei minderen Geistern als Habermas noch viel weniger übrig bliebe…

Das Hamburger Verständlichkeitsmodell

Als hilfreich hat sich das Hamburger Verständlichkeitsmodell erwiesen. Es ist empirisch abgesichert und in der Praxis erprobt.

Das von Kommunikationspsychologen der Uni Hamburg entwickelte Konzept hat vier Dimensionen:

- ▸ **Einfachheit.** Schreiben Sie einfache, knappe und überschaubare Sätze. Verwenden Sie Fremdworte und Fachbegriffe nur dort, wo sie notwendig sind. Werden Sie konkret, wo immer es geht.
- ▸ **Gliederung und Ordnung.** Gliedern Sie Ihren Text mit Hilfe von Zwischentiteln und Gliederungspunkten. Legen Sie einen roten Faden fest, an dem entlang Sie Ihre Argumente ausführen. Überprüfen Sie, ob ihre Argumente logisch aufeinander aufbauen.
- ▸ **Kürze und Prägnanz.** Konzentrieren Sie sich auf das Wesentliche und vermeiden Sie Abschweifungen. Aber Vorsicht: Wenn Sie zu knapp werden, fallen eventuell einige gedankliche Zwischenschritte weg – dann wird ihr Text schwerer verständlich.
- ▸ **Anregende Zusätze.** Das ist wie in der Badewanne. Mit klarem Wasser werden Sie vermutlich auch sauber, aber wenn es blubbert und gut riecht, macht das Bad mehr Spaß. Also: Reichern Sie Ihren Text mit Beispielen und Metaphern an. Der Ulmer Neurowissenschaftler Manfred Spitzer schreibt dazu: »Das Lernen von einzelnen Fakten oder Ereignissen ist daher meist nicht nur nicht notwendig, sondern auch ungünstig. [...] Es wird dadurch gelernt, dass wir Beispiele verarbeiten [...] und aus diesen Beispielen die Regeln selbst produzieren.« Achten Sie aber auf ein ausgewogenes Verhältnis, denn wenn man vor lauter Beispielen ihre zentrale Aussage nicht mehr erkennen kann, dient das ebenfalls nicht der Verständlichkeit.

Je einfacher ein Text geschrieben ist, desto verständlicher wird er. Allerdings haben Sie es in der Wissenschaft oft mit komplexen Sachverhalten zu tun. Dies setzt der Einfachheit Ihrer Texte Grenzen. Allerdings: Wenn Sie komplizierte Dinge genauso kompliziert beschreiben, hat ihr Leser keinen Erkenntnisvorteil. Wissenschaft ist also stets die Reduktion von Komplexität.

Das Hamburger Verständlichkeitsmodell lässt sich sehr schön in ein **Beurteilungsfenster** übersetzen. Je näher ein von Ihnen geschriebener Text den Vorgaben darin kommt, desto verständlicher ist er. Im folgenden Beurteilungsfenster für einen optimal verständlichen Text steht das Plus-Zeichen für eine starke Ausprägung (Doppel-Plus also für eine sehr starke Ausprägung), die Null für eine ausgewogene Ausprägung. Ein Minus-Zeichen stünde für eine schwache, Doppel-Minus für eine sehr schwache Ausprägung.

Einfachheit ++	Gliederung/Ordnung ++
Kürze/Prägnanz 0	Anregende Zusätze 0 oder +

Hintergrund

Deutsch als Wissenschaftssprache

Wer um die Wende zum 20. Jahrhunderts als Wissenschaftler irgendwo auf der Welt tätig war, tat gut daran, Deutsch zu verstehen. Besonders in zwei sehr unterschiedlichen Wissenschaften dominierten die Deutschen: in der Physik und in der Geschichtswissenschaft. Die »Annalen der Physik« war die wichtigste physikalische Zeitschrift zu jener Zeit und Historiker von Leopold von Ranke bis Theodor Mommsen begründeten eine neue Art, historische Ereignisse quellenkritisch zu untersuchen.

Heute hat die Wissenschaftssprache Deutsch weltweit keine Bedeutung mehr. Sogar in der Germanistik wird häufig schon auf Englisch publiziert. In den Naturwissenschaften und technischen Fächern spielen Veröffentlichungen, die nicht auf Englisch erscheinen, keine Rolle. Das ist an sich keine Katastrophe. Zum einen mussten die Vertreter kleinerer Sprachgruppen, zum Beispiel Polen oder Dänen, schon immer in einer Fremdsprache publizieren, um wahrgenommen zu werden. Zum anderen war bis in das 16. Jahrhundert hinein die Wissenschaftssprache in Europa Latein. Studenten konnten also problemlos von Padua nach Paris und von dort nach Cambridge wechseln, ohne mit Verständigungsproblemen konfrontiert zu sein. Philosophische Traktate auf Latein wurden von den Gelehrten überall in Europa verstanden.

Der Unterschied zum Englisch heute: Im Mittelalter war Latein für alle Gelehrten eine Fremdsprache, während Englisch für Wissenschaftler aus den angelsächsischen Ländern Muttersprache ist. Es ist nicht von der Hand zu weisen, dass die Dominanz des Englischen in einigen Fächern zu einer Vorherrschaft des angelsächsischen Denkens geführt hat. Dies gilt weniger für die empirischen Naturwissenschaften als für die Wirtschafts- und Sozialwissenschaften, bei denen unterschiedliche Grundüberzeugungen eine große Rolle spielen.

Die Debatte über Deutsch als Wissenschaftssprache hilft Ihnen allerdings als Student nicht weiter. In den Naturwissenschaften, Medizin und den technischen Fächern wird von Ihnen spätestens bei den wichtigeren Abschlussarbeiten (Master, Dissertation) erwartet, dass Sie sie in englischer Sprache verfassen. In vielen Fällen darf auch nur noch englischsprachige Fachliteratur zitiert werden. In den geistes- und sozialwissenschaftlichen Fächern erlauben es viele Studienordnungen, Seminar- und Bachelorarbeiten auf Englisch einzureichen. Lediglich in den Rechtswissenschaften, mit Ausnahme des internationalen Rechts, überwiegt noch die deutsche Sprache.

Ohne solide Englischkenntnisse werden Sie also ein Studium in Deutschland nicht erfolgreich absolvieren können. Viele Hochschulen bieten Auffrischungs- und Vertiefungskurse, die Sie nutzen sollten, falls ihr Schulenglisch zu schwach ist. Planen Sie eventuell ein Praktikum im englischsprachigen Ausland; oder – noch besser – absolvieren Sie einen Teil Ihres Studiums im Ausland. In vielen deutschen Hochschulen werden zudem Lehrveranstaltungen und manchmal ganze Studiengänge auf Englisch angeboten.

Die Wissenschaftssprache Englisch lässt sich übrigens leichter bewältigen als die Alltagssprache Englisch, denn sie ist hochformalisiert und standardisiert und verzichtet weitgehend auf idiomatische Wendungen.

Fünf Regeln für klares Deutsch

1. Benutzen Sie schlichte Wörter und konkrete Begriffe.
2. Geizen Sie mit Worten.
3. Bevorzugen Sie Verben und verzichten Sie auf Nominalkonstruktionen.
4. Bauen Sie übersichtliche Sätze.
5. Verzichten Sie auf Marotten.

Übrigens:

Die Deutsche Akademie für Sprache und Dichtung in Darmstadt vergibt jedes Jahr den Siegmund-Freud-Preis für wissenschaftliche Prosa. (Die gleiche Akademie verleiht auch den wichtigsten deutschen Literaturpreis, den Georg-Büchner-Preis.) Er wird, wie es auf der Website heißt, »zur Förderung einer Gattung (gelehrte Prosa) verliehen, die der Akademie im Vergleich zu anderen europäischen Literaturen, bei den Schaffenden wie bei den Aufnehmenden, nicht gebührend geschätzt und daher auch nicht genügend entwickelt erscheint«.

2010 wurde damit ein auf Deutsch schreibender Italiener ausgezeichnet, der Archäologe Luca Giuliani. In seiner Laudatio sagte der Münchner Altphilologe Oliver Primavesi in anspruchsvollen, aber durchaus eleganten Worten: »Die Arbeit am treffenden deutschen Ausdruck lebt aus der Voraussetzung, dass die Sprache sich der gemeinten Sache mindestens anzunähern vermag. Gerade diese elementare Voraussetzung aber wird unter dem Titel der ›Differance‹ bestritten; und wer sie bestreitet, wer, um ein hübsches Bild von Derrida selbst zu brauchen, zugleich nähen und wieder auftrennen möchte, dessen wissenschaftliche Prosa wird dem klassischen Maßstab luzider Darstellung eines Erkenntnisfortschritts nur in unwahrscheinlichen Glücksfällen genügen können.«

Hier erläutern wir die fünf Regeln im Einzelnen.

1. Benutzen Sie schlichte Wörter und konkrete Begriffe

Wissenschaftliche Verständigung lebt davon, dass die Begriffe möglichst präzise verwendet werden. Nur so kann es gelingen, dass jeder der Beteiligten weiß, was der andere ausdrücken möchte. Deshalb hat jede Wissenschaft eine **Fachsprache** entwickelt, die sich von der Alltagssprache unterscheidet. Am deutlichsten wird das in den Rechtwissenschaften, wo zum Beispiel Begriffe wie »Betrug«, »Mord« und »Totschlag« genau definiert sind. Nicht alles, was wir als »Betrug« oder »Diebstahl« bezeichnen, ist es auch im juristischen Sinne. Gegen Fachsprache an sich ist also nichts einzuwenden, sie ist im Gegenteil sogar notwendig. Je größer jedoch die Fachwortdichte wird, desto schwieriger wird der Text. Im Übrigen ist durchaus denkbar, dass der Autor mit seinem Fachbegriff-Geklingel nur vertuschen will, dass er im Grunde nicht weiß, was genau er da sagt.

Bevorzugen Sie, wo immer das möglich ist, das einfachere und schlichtere Wort. Schlichte Worte erkennen Sie daran, dass sie wenige Silben haben. Wie gesagt: Sie müssen dabei nicht auf Fachbegriffe verzichten. Alle notwendigen Fachbegriffe, die sich in Ihrem Wissenschaftszweig nicht von selbst verstehen, sollten Sie mit einer kleinen Erläuterung einführen. Sehr gut gelingt das häufig angelsächsischen Autoren in den grundlegenden Einführungswerken ihres Faches. So schreibt der amerikanische Neurobiologe Richard F. Thompson in seinem Lehrbuch zum »Gehirn« über die Struktur der Nervenzelle:

> »Die Dendriten – also alle Fasern, die von der Nervenzelle ausgehen, mit Ausnahme des Axons – stellt man sich am besten als dünne Ausstülpungen des Zellkörpers vor. Die Dendriten verleihen der Nervenzelle ihre charakteristische Gestalt. Ihre Zahl und Größe pro Zelle kann von einigen wenigen und kurzen Nervenfasern bis zu einer riesigen Menge von Fortsätzen reichen, die das Neuron wie einen Baum aussehen lassen.«

Durch die einfache Sprache und die bildhaften Vergleiche lässt sich diese Passage gut verstehen und wird selbst für den Laien anschaulich. Sicherlich werden Sie dichter und abstrakter schreiben, je mehr Vorwissen Sie von ihren Lesern erwarten können. Aber selbst hochspezialisierte Wissenschaftler freuen sich, wenn sie ehrlich mit sich selbst sind, über einfache Worte.

In der Wissenschaft schreiben Sie vielfach über abstrakte Konzepte. Umso wichtiger sind **Vergleiche mit Konkretem**. Das sehen Sie sehr gut bei Thompson. Er vergleicht die Dendriten mit Ausstülpungen und das Neuron mit einem Baum. Sofort haben Sie ein Bild vor Augen. Die Hirnforschung kann heute nachweisen, dass wir uns Konkretes (das Bild im Kopf) wesentlich besser merken können als Abstraktes, weil wir dabei mehr neuronale Verbindungen aktivieren.

Natürlich müssen Sie sorgfältig damit umgehen, denn zum einen sollten die Bilder korrekt sein. Und anderen haben sie

---

Übrigens:

Seltsamerweise gehören Texte aus der linguistischen Verständlichkeitsforschung zur unverständlichsten Wissenschaftsprosa überhaupt. Hier ein Beispiel aus einem Aufsatz von Erich Starauschek in der »Zeitschrift für Didaktik der Naturwissenschaften« (Jg. 12, 2006) mit dem schon warnend komplizierten Titel »Der Einfluss von Textkohäsion und gegenständlichen externen piktoralen Repräsentationen auf die Verständlichkeit von Texten zum Physik lernen«:

»Die mentale Konstruktion ist damit im Kontext einer Autor-Text-Leser-Relation zu denken und somit auch immer als Rekonstruktion aufzufassen: Der Autor externalisiert seine – als kohärent angenommene – Wissensstruktur in Form eines Textes. Die Kohärenz seiner Wissensstruktur wird durch Textoberflächenmerkmale erkennbar und kann über diese indiziert werden.«

Solche Sätze schrecken Leser, auch Studierende, zunächst ab – und das sollen sie oftmals auch. Sie haben den Zweck, die Eingeweihten und Zugehörigen von den Außenstehenden zu scheiden. Das ist nichts anderes, als Jugendliche mit ihrer Jugendsprache auch erreichen wollen.

eine große Suggestionskraft. In der Evolutionstheorie zum Beispiel illustriert man noch heute in vielen Schul- und Lehrbüchern die Abstammung des Menschen mit einem Baum. Der Homo sapiens, also der moderne Mensch, bildet dabei die Baumspitze. Der Mensch, so lesen wir dieses Bild, ist die Krone der Schöpfung. Die meisten Evolutionsbiologen würden eine solche Sicht jedoch keineswegs unterschreiben (angeblich fand sogar Charles Darwin das Baum-Bild unpassend).

2. Geizen Sie mit Worten

Bei Ihrer Haus- und Bachelorarbeit haben sie nicht ~~sonderlich~~ viel Platz. Die meisten Studierenden, zumindest der Geistes- und Sozialwissenschaften, schreiben eher zu viel als zu wenig Text. Daher sollten Sie ~~eingehend~~ darauf achten, dass Sie nicht ~~gewissenmaßen~~ zu viele ~~überflüssige~~ Füllwörter in Ihren Text einflicken. Oftmals schlüpfen solche Wörter beim Schreiben ~~augenscheinlich quasi~~ wie von selbst in den Text. In einer zweiten Korrekturstufe ist es ~~deshalb wohl~~ empfehlenswert, noch einmal ~~gleichsam~~ kritisch nach ~~solchen~~ Füllwörtern Ausschau zu halten und sie ~~schlichtweg~~ zu streichen.

Hier eine kleine Liste von Füllwörtern. Nicht alle können Sie immer streichen. Am besten, Sie lesen ihren Text laut vor. Dabei bemerken Sie am ehesten, welche Wörter überflüssig sind und an welchen Stellen sie der Satzmelodie oder dem Verständnis dienen.

> allenfalls, allzu, also, anscheinend, augenscheinlich, bloß, bekanntlich, dabei, demgegenüber, durchaus, echt, einigermaßen, einmal, etwa (besonders in dem Pleonasmus »etwa zum Beispiel«), folglich, gänzlich, gleichsam, in der Tat, irgendwie, offenbar, offensichtlich, ohne weiteres, praktisch, quasi, richtiggehend, schlichtweg, sozusagen, vergleichsweise, vielfach, weitgehend, ziemlich

In vielen Texten stoßen wir auch auf Pleonasmen, mit denen zweimal hintereinander dasselbe gesagt wird, zum Beispiel die »weltweite Globalisierung«. Gehen Sie Ihren Text deshalb kritisch durch und klopfen Sie jedes Wort daraufhin ab, ob es benötigt wird.

Streichen sollten Sie nichtssagende Floskeln, zum Beispiel »Es ist offensichtlich, dass...«. Sollte die Sache offensichtlich sein, brauchen Sie es ja nicht extra zu erwähnen. Vorsicht bei der Formulierung »wie allgemein bekannt«. Entweder, das Beschriebene ist eine allgemein bekannte Tatsache – dann brauchen Sie es nicht hervorzuheben. Oder es ist eben nicht allgemein bekannt, dann müssen Sie das Faktum belegen. Bedenken Sie, dass sich Wissenschaft dadurch auszeichnet, auch anscheinend allgemein bekannten Dingen auf den Grund zu gehen.

3. Benutzen Sie Verben und verzichten Sie auf Nominalkonstruktionen

Die Pest vieler wissenschaftlicher Texte sind Nominalkonstruktionen. Alle Untersuchungen der Verständlichkeitsforschung haben bislang gezeigt, dass Nominalkonstruktionen es besonders schwer machen, einen Text zu verstehen. Sie lassen sich mit Zip-Dateien vergleichen, die im Kopf des Lesers entpackt werden müssen. Das dauert, macht Mühe und fördert Missverständnisse. Hinzu kommt, dass Nominalkonstruktionen nicht anschaulich sind.

Besonders beliebt sind Nominalkonstruktionen bei Naturwissenschaftlern, Technikern und Medizinern. Alle anderen Wissenschaften bemühen sich aber, Schritt zu halten.

Erinnern Sie sich an die Formulierung »Prozess der Vergetreidung« aus dem Mittelalter-Text? Der Satz »Immer mehr Bauern bauten Getreide an« wäre nicht nur anschaulicher. Er würde auch deutlich machen, wer diesen Prozess vorangetrieben hat, nämlich die Bauern. Oder waren es vielleicht gar nicht die Bauern, sondern die Landesherren, die ihre Bauern dazu nötigten? Wenn Sie zudem das grammatische Aktiv wählen, werden Sie als Autor dazu gezwungen, die Verantwortlichen zu benennen.

Nicht immer lässt sich in der Wissenschaftssprache das Aktiv verwenden, weil in bestimmten Fällen der Verursacher keine Rolle spielt und der Fokus auf dem Vorgang selber liegt. Es lohnt sich aber in jedem Fall zu prüfen, ob eine Formulierung im Aktiv möglich ist.

4. Bauen Sie übersichtliche Sätze

Unser Arbeitsgedächtnis ist begrenzt. Den Erkenntnissen der Neurowissenschaftler zufolge können wir uns maximal sieben Informationseinheiten merken. Dies hat der US-amerikanische Psychologe George A. Miller bereits 1956 erkannt und in seinem Aufsatz »The Magical Number Seven Plus or Minus Two« beschrieben. Für Ihre Arbeit bedeutet das: Bei mehr als sieben Satzgliedern (oder anderen Informationseinheiten) in einem Satz wissen die Leser am Ende nicht mehr, wie er angefangen hat. Sie werden den Satz ein zweites, vielleicht sogar ein drittes Mal lesen müssen, um ihn zu verstehen. Dabei fassen sie einzelne Informationen zu größeren Einheiten zusammen, um sie im Zusammenhang verarbeiten zu können.

Logisch, dass das Lesen länger dauert, Missverständnisse entstehen und man Schwierigkeiten hat, den Sinn des Geschriebenen zu erfassen. Das lässt sich leicht an folgendem Beispiel erkennen, einem Auszug aus einem wissenschaftlichen Gutachten:

>»FuE-Dienstleistungen [...] ergeben sich aus der komplexen Wissensgenerierung durch das Zusammenspiel verschiedener Wissenschaftsdisziplinen und Technologiegebiete in Teams, aus der Notwendigkeit zur interdisziplinären Zusammenarbeit zur Beherrschung der Komplexität neuer Technologien, der Verknüpfung von Grundlagenforschung und problem- bzw. anwendungsorientierter Umsetzung der FuE-Ergebnisse, der Erschließung neuer Märkte im internationalen Maßstab, von denen innovationstreibende Impulse ausgehen (Lead-Märkte), der Verkürzung der Lebenszyklen von Produkten und Verfahren und damit verbunden der Fundierung der strategischen Innovationsentscheidungen.«

Unzumutbar, finden Sie nicht auch? Wesentlich besser lässt sich die folgende Version lesen, bei denen der ursprüngliche Satz aufgelöst wird:

>»Unter ›Dienstleistungen für Forschung und Entwicklung (FuE)‹ versteht man folgende Aufgaben, die eng miteinander zusammenhängen:

- FuE-Dienstleister bilden Teams und führen mit ihrer Hilfe komplexes Wissen aus verschiedenen wissenschaftlichen Disziplinen und aus unterschiedlichen Bereichen der Technologie zusammen.
- FuE-Dienstleister verknüpfen Ergebnisse der Grundlagenforschung mit Erfahrungen bei der Anwendung von Technologien und bei der Lösung von Problemen in der Praxis.
- Sie erschließen neue Märkte auf der ganzen Welt, wenn von diesen Impulse für die technische Entwicklung ausgehen (Lead-Märkte).
- Sie helfen dabei, neue Produkte und Verfahren schneller einzuführen. Dadurch werden die strategischen Entscheidungen der Unternehmen fundierter.«

Deshalb sollten Sie
- Sätze übersichtlich bauen, also am besten in der Form »Hauptsatz – Nebensatz«,
- auf längere eingeschobene Nebensätze verzichten,
- Aufzählungen mit Gedankenstrichen oder Aufzählungspunkten (Bulletpoints) anlegen,
- wichtige Aussagen in Hauptsätze packen,
- nur einen Gedanken pro Satz formulieren,
- die zwei Teile eines Verbes nicht durch mehr als vier bis sechs Wörter unterbrechen, also zum Beispiel »Er spricht sich darin für ...[max. vier bis fünf Wörter]...aus«. Ansonsten schreiben Sie lieber »Er spricht sich darin dafür aus, dass...«. Falls eine längere Aussage folgt, bevorzugen Sie Hauptsätze: »Er spricht sich darin für Folgendes aus: ...«

Grundsätzlich sind kürzere Sätze leichter zu verstehen. Sätze von durchschnittlich 15 Wörtern gelten in der Verständlichkeitsforschung als optimal.

Sehr viele aneinander gereihte kurze Sätze wirken aber atemlos und hektisch. Außerdem lassen sich komplexe Überlegungen nicht immer auf kurze Sätze reduzieren. Ein Wechsel von längeren und kürzeren Sätzen verleiht Ihren Texten einen gut lesbaren Rhythmus. Beachten Sie dabei: Die wichtigsten Aussagen sollten in Hauptsätzen stehen und nicht in einem Nebensatz oder gar einem Einschub versteckt werden. Nutzen Sie dazu die Möglichkeiten, die Ihnen die Satzzeichen Komma, Punkt, Semikolon, Doppelpunkt und Gedankenstrich bieten.

5. Verzichten Sie auf Marotten

Die meisten Autoren pflegen irgendwelche Marotten. Sie haben Lieblingsworte oder bevorzugen eine bestimmte Redewendung. Manche dieser Marotten sind liebenswert. Viele aber nervig. Hier sind einige von der nervigen Sorte:

▸ **Fehlerhafte Redewendungen.** »Sie haben ihr Schäflein ins Trockene gebracht«, »die Angelegenheit wurde auf das Trapez gebracht«, »das Damoklesschwert kreise über den Beteiligten« – fällt Ihnen bei diesen Redewendungen etwas auf? Sie klingen dem ersten Anschein nach richtig, sind aber falsch gebraucht. So heißt es »sein Scherflein« beitragen (der Scherf war im Mittelalter eine kleine Münze) und »aufs Tapet bringen« (das Tapet bezeichnet die grüne Tischdecke eines Konferenztisches). Dionysios´ Schwert kreiste nicht über dem Kopf seines Günstlings Damokles, sondern es hing an einem Pferdehaar. So jedenfalls berichtet es Cicero. Solche Fehler sind zwar kein Weltuntergang, aber allemal peinlich.

▸ **Metaphern, die sich in die Quere kommen.** Eine bildhafte Sprache mit wohlgewählten Metaphern kann sehr anregend sein und das Leseverständnis erhöhen, allerdings sollten Sie in wissenschaftlichen Texten zurückhaltend damit umgehen. Sonst geht Ihnen am Ende noch einiges durcheinander und sie enden bei einer pommerschen Pastorenlyrik à la: »Der Finger Gottes schlägt dem Rad der Geschichte den Boden aus!«

▸ **Anführungszeichen.** Anführungszeichen spielen in wissenschaftlichen Texten eine wichtige Rolle. Sie kennzeichnen wörtliche Zitate (siehe auch das nächste Kapitel). Sie dienen nicht dazu, ein Wort hervorzuheben. Das geschieht besser dadurch, dass Sie den Begriff kursiv setzen. Schon gar nicht sollten Sie Anführungszeichen benutzen, um darauf hinzuweisen, dass ein Wort nicht im eigentlichen Sinne, sondern ironisch verstanden werden soll. Wie lächerlich so etwas wirkt, erkennen Sie bei folgender unbeholfen formulierter Stellenbeschreibung eines konservativen Magazins, das einen Redakteur sucht: »Ein wenig ›verrückt‹, Paprika im Blut und schon in der Schule immer der Beste im ›Aufsatz-Schreiben‹. Der Beruf muss auch ein wenig ›Geliebte‹ sein. Keine abgebrochenen Soziologie- oder Politologie-Studenten, weil es davon genügend ›politische Klugscheißer‹ gibt, die zum Schreiben kein Talent haben, zum echten Recherchieren zu faul sind und das ›Abkupfern‹ aus dem Internet für ›Journalismus‹ halten.«

Hintergrund

Lesen und Gehirn

Unser Gehirn ist nicht für das Lesen gemacht. Diese Feststellung sollte Sie weder erschrecken, noch kann sie Ihnen als Entschuldigung dienen, wenn Sie im Studium Ihre Pflichtlektüre nicht erledigt haben. Unser Gehirn ist für viele Dinge unseres modernen Lebens nicht eingerichtet, und wir können sie trotzdem bewältigen. Dass unser Gehirn für das Lesen nicht geschaffen ist, haben wir alle selbst erlebt. Während es uns keine Probleme bereitete, allein durch Zuhören und Nachplappern unsere Muttersprache zu erlernen, mussten wir Lesen und Schreiben mühsam in der Schule büffeln.

Vermutlich nutzen wir für das Lesen jene Gehirnregionen, die unseren Vorfahren ursprünglich dazu dienten, die Spuren von Tieren zu erkennen und zu interpretieren. Allerdings gibt es zwei verschiedene Arten des Lesens, die in unserem Gehirn miteinander um die Vorherrschaft ringen. Sicherlich ist Ihnen schon einmal folgender Text begegnet:

»Gmäeß eneir Sutide eneir elgnihcesn Uvinisterät ist es nchit witihcg in wlecehr Rneflogheie die Bstachuebn in eneim Wrot snid, das Ezniige was wcthiig ist, ist dass der estre und der leztte Bstabchue an der ritihcegn Pstoiion sind.«

Warum können Sie diesen Text lesen? Kurz gesagt: Weil wir in unserem Gehirn Wörter als Ganzes gespeichert haben, so genannte Wortbilder. Wir nehmen also die einzelnen Wörter nicht als eine Aneinanderreihung von Symbolen für Lautwerte wahr, sondern als ein Bild, das mit einer bestimmten Bedeutung verknüpft ist.

»Mit Wtrören wie Buam, Huas, Vgeol, Rksiio oder Cemoptur fnkturoienit das wbnuderar. Was aebr heltan Sie von Bgntzrasbmiesgsugsereene, Myaseindsraonenzaenle, oder Aeintneagdstg?«

Komplizierte Wörter wie Beitragsbemessungsgrenze, Medienresonanzanalyse und Agendasetting finden sich nicht in unserem Wortbild-Gedächtnis. Deshalb können wir diese Wörter nicht auf Anhieb erkennen. Wir müssen sie Lautwert für Lautwert lesen. Das dauert länger, ist mühseliger und fehleranfälliger. Aus diesem Grund sollten wir uns bemühen, kurze und vertraute Worte zu benutzen, wann immer es möglich ist. Wissenschaftliche Fachausdrücke gehören in der Regel nicht in diese Kategorie. Da Sie sie in einer Seminar- oder Bachelorarbeit nicht werden vermeiden können, sollten Sie jedenfalls nicht mutwillig das Verständnis des Textes durch weitere Wortungetüme erschweren.

Die gute Nachricht: Lesen trainiert Ihr Gehirn und macht schlauer. Wenn wir lesen lernen, bauen wir dabei unser Gehirn um. Der amerikanische Neurochirurg George A. Ojemann, Professor an der Universität von Washington in Seattle, hat herausgefunden, dass »viel mehr Neuronen beim Lesen von Worten ihre Aktivität verändern als beim Benennen von Objekten oder beim Wiederholen von Wörtern. Lesen ist vielleicht einfach von sich aus schwieriger, beansprucht mehr Neuronen. Wenn es an gut organisierten Neuronen mangelt, zeigt sich das beim Lesen deutlicher.«

Übrigens:

Sie werden in Ihrem Studium gezwungen sein, nicht nur viel zu schreiben. Vor allem werden Sie viel lesen müssen. Um herauszufinden, ob ein Beitrag aus der Sekundärliteratur für Ihr Thema grundsätzlich geeignet ist, sollten Sie üben, Texte zu überfliegen (Speed Reading). Es reicht aus, nach den Kernbegriffen Ausschau zu halten. Unser Gehirn ist in der Lage, diese Wörter sehr schnell zu erkennen und einen ungefähren Sinn zu konstruieren. Die Betonung liegt auf ungefähr. Die Methode hat ihre Grenzen. Sobald Sie zu dem Schluss gekommen sind, dass der Inhalt des Textes für Sie von Bedeutung ist, müssen Sie Ihre Lesegeschwindigkeit drosseln. Ein erfahrener Leser schafft zwischen 800 und 1000 Wörter in der Minute, danach steigt die Wahrscheinlichkeit von Missverständnissen. Denken Sie an Woody Allen, der einmal gesagt hat: »Ich habe einen Kurs in Schnelllesen gemacht und konnte danach ›Krieg und Frieden‹ in 20 Minuten durchlesen. Es geht um Russland.«

5 Wie zitiere ich richtig?

Um was es in diesem Kapitel geht:
- ▶ Warum muss ich fremder Leute Gedanken kennzeichnen?
- ▶ Wie verhindere ich, dass ich eines Plagiates verdächtigt werde?
- ▶ Welche Quellen sind zitierfähig?
- ▶ Welche verschiedenen Arten des Zitierens gibt es?
- ▶ Muss ich immer Fußnoten machen oder gibt es auch andere Methoden?
- ▶ Wie zitiere ich Quellen aus dem Internet?
- ▶ Was muss ich machen, wenn ich nicht wörtlich zitiere?
- ▶ Wie lege ich ein Literaturverzeichnis an?

»Wir ruhen alle auf den Schultern von Giganten.« Das hat mal irgendjemand so gesagt. Habe ich jedenfalls irgendwo gelesen. Eine solche Art zu zitieren kommt Ihnen irgendwie komisch vor? Zu Recht! Im alltäglichen Gespräch mag man uns nachsehen, wenn wir den genauen Wortlaut und die Quelle eines Zitates nicht mehr parat haben. Damit Wissenschaft gut funktionieren kann, muss sie jedoch Wert darauf legen, korrekt zu zitieren.

Jeder Gedanke, der von einem anderen Autor übernommen wird, muss gekennzeichnet werden.

Man spricht in der Wissenschaft davon, dass ein Zitat belegt wird. Dabei muss sich der Autor an bestimmte Regeln, an Konventionen, halten, die weiter unten vorgestellt werden. Handelt es sich um eine **wörtliche Wiedergabe**, so muss sie ganz genau wie im Original erfolgen. Dazu gehört es, Rechtschreibfehler, fehlerhaften Grammatikgebrauch oder falsche Interpunktion sowie veraltete Rechtschreibung nicht zu korrigieren. Wenn zum Beispiel der Autor »daß« geschrieben hat, darf beim Zitieren nicht »dass« daraus werden. Klingt ein bisschen penibel – ist es auch. Aber nur so lässt sich sicherstellen, dass nicht die Freiheiten immer weiter ausgedehnt werden, und der Zitierende irgendwann ein Zitat so verändert, dass sich sein Sinn verkehrt. Wenn Sie einen Rechtschreib- oder Grammatikfehler für besonders bezeichnend halten, können Sie auf ihn aufmerksam machen durch ein Ausrufezeichen in eckigen Klammern [!] oder durch [sic!], lateinisch für »genau so«.

Auch Gedanken, die nicht wörtlich, sondern nur sinngemäß übernommen werden, muss der Autor eines wissenschaftlichen Werkes belegen. Am besten, Sie verwenden für die Zusammenfassung des fremden Gedankens in Ihren Worten eine Formulierung wie »...wie Paul Krugman argumentiert...« oder »dazu führt Habermas aus...«.

Übrigens:

Immer wieder fallen Studierende durch eine Prüfung, weil sich ihre Arbeit als vollständiges oder teilweises Plagiat erwiesen hat. Das heißt: Sie haben den Text oder einzelne Passagen abgeschrieben, ohne die Quelle zu nennen. Wobei »abgeschrieben« heutzutage das falsche Wort ist, denn in den meisten Fällen wurde aus dem Internet kopiert. Halten Sie Ihren Dozenten bitte nicht für so blöd, dass er ein Wikipedia-Zitat nicht erkennt. Auch die Argumentation und der Stil der bekannten Autoren des Faches sind ihm oder ihr in der Regel vertraut. Im Zweifel lassen sich Plagiate durch eine spezielle Software ermitteln. Es ist übrigens keine Entschuldigung, dass auch immer wieder Professoren und spätere Minister beim Abschreiben erwischt werden.

Was macht einen Text verdächtig? Ihre Betreuer werden sich an folgende Anhaltspunkte halten:

▸ Die vorgebrachten Überlegungen passen nicht zusammen und an wichtigen Stellen wird darauf verzichtet, auf vorangegangene Aussagen Bezug zu nehmen.

▸ Der Stil der Argumentation innerhalb einer Arbeit unterscheidet sich von Passage zu Passage erheblich.

▸ Innerhalb eines Textes, der eher unbeholfen formuliert ist oder nicht korrekt mit Fachausdrücken umgeht, finden sich Passagen von großer wissenschaftlicher Präzision.

▸ Argumente oder Stil eines Textabschnittes kommen dem Dozenten bekannt vor.

Bei diesen Verdachtsmomenten wird ein Dozent, oftmals mit Hilfe von Plagiatssoftware, die Arbeit überprüfen.

Zitierfähige Quellen

Wenn es darum geht, welche Quellen Sie zitieren dürfen, sollten Sie zwei Dinge unterscheiden:

Primärquellen. Als solche kommen, je nach dem Gegenstand der Untersuchung, alle belegbaren Zeugnisse in Frage – und sie können natürlich alle zitiert werden. Wenn Sie also zum Beispiel eine Arbeit über die »Protestaktionen von Greenpeace zum Schutz von Robbenbabys« schreiben, dann dürfen Sie als Primärquelle auch Flyer und Broschüren der Organisation benutzen. Und wenn Sie in Kommunikationswissenschaft eine Arbeit über »Die Berichterstattung der Bild-Zeitung bei der Einführung des Euros« verfassen, dann ist die Bild-Zeitung selbstverständlich eine zitierfähige Primärquelle.

Sekundärliteratur. Als Sekundärliteratur dürfen Sie hingegen die Bild-Zeitung nicht zitieren. Streng genommen ist keine Tageszeitung im wissenschaftlichen Sinne zitierfähig, wenngleich gelegentlich bei Blättern wie der »Frankfurter Allgemeinen Zeitung«, der »Neuen Zürcher Zeitung« oder dem »Handelsblatt« eine Ausnahme gemacht wird. Das gilt vor allen Dingen dann, wenn Sie über eine aktuelle Diskussion schreiben, zu der es bislang nur unzureichend wissenschaftliche Veröffentlichungen gibt. Ebenfalls nicht oder nur eingeschränkt zitierfähig sind populärwissenschaftliche Sachbücher. Hin und wieder kommt es zu Grenzfällen, zum Beispiel bei populären Sachbüchern, die von wissenschaftlichen Koryphäen verfasst worden sind – was im angelsächsischen Sprachraum deutlich häufiger vorkommt als im deutschen.

Als uneingeschränkt zitierfähig (was nicht heißt, dass Sie jedes Wort glauben sollten) gelten alle wissenschaftlichen Publikationen.

Dazu gehören Monographien (das sind Einzeldarstellungen), Aufsätze in Sammelwerken und in wissenschaftlichen Zeitschriften und Beiträge in Fachlexika, vor allem, wenn deren Autoren genannt sind. Als nicht zitierfähig gilt Wikipedia, unabhängig davon, als wie zuverlässig diese Quelle angesehen werden kann. Dass Sie wissenschaftliche, also zitierfähige Quellen von unwissenschaftlichen unterscheiden lernen, ist übrigens ein wichtiger Teil Ihrer Hochschulausbildung.

In der Regel sollten Sie ihr Zitat aus der Originalquelle belegen, in der es zuerst erschienen ist. Was aber, wenn Sie auf eine Quelle stoßen, die Ihnen nicht oder nur unter unverhältnismäßigen Umständen zugänglich ist? Nehmen wir einmal an, die Archive des KGB oder des Vatikan. Dann dürfen Sie sich ausnahmsweise auf jene glücklichen Wissenschaftler berufen, die privilegierteren Zugang hatten. Sie weisen das dann mit dem Hinweis »zit. nach« aus.

Vermeiden Sie längere Zitate, die sich über eine halbe Seite oder mehr ziehen. Sie sollen schließlich nicht nachweisen, dass Sie gut abtippen können (oder, noch schlimmer, »Copy & Paste« beherrschen), sondern dass sie den fremden Stoff geistig durchdrungen haben.

Sollten dennoch einmal längere Zitate notwendig werden (zum Beispiel in der Germanistik oder anderen Philologien), können sie diese einrücken.

Hintergrund

Warum genaues Zitieren wichtig ist

An folgendem kleinen Beispiel kann man erkennen, wie wichtig es ist, aus der Primärquelle und möglichst genau zu zitieren (der Autor verweist hier auf sein eigenes Buch »Reiter, Markus: Dumm 3.0. Wie Twitter, Blogs und Networks unsere Kultur bedrohen. Gütersloh 2010, S.17ff.). Wer in Google nach dem US-amerikanischen Informatiker und Internetpionier Joseph Weizenbaum sucht, wird dort (unter anderem in Wikiquote) folgendes Zitat finden: »Das Internet ist ein großer Misthaufen, in dem man allerdings auch kleine Schätze und Perlen finden kann.« Als Quelle wird bei Wikiquote ein Bericht der Internetnachrichtenseite Heise.de angegeben, wo – wie sich herausstellt – ein Artikel der Deutschen Nachrichtenagentur (dpa) wiedergegeben wird. Der Autor des Artikels behauptet, Weizenbaum habe diesen Satz bei einer Tagung der Stiftung Lesen unter dem Titel »Gutenbergs Folgen« im Jahre 2000 in Mainz gesagt.

Zu der Tagung ist zwei Jahre später in dem renommierten Baden-Badener Wissenschaftsverlag Nomos ein Tagungsband erschienen. Darin werden alle Vorträge dokumentiert. Das Originalzitat lautet: »Das Internet ist so wie einer der riesigen Misthaufen, die man außerhalb Bombays und jeder anderen Großstadt in Indien findet. Auf diesen Misthaufen, die furchtbar stinken, klettern Menschen herum, sie suchen etwas […], das sie benutzen können, etwas, das sie vielleicht verkaufen können, oder etwas, das sie essen können. Das ist eine große Tragödie. So ist es, das Internet. Mit einer Ausnahme: im Internet […] gibt es tatsächlich Perlen.«

Nun mag man einwenden, dass die verkürzte Fassung aus dem dpa-Bericht in etwa richtig ist. Aber genau darin besteht der Unterschied zwischen Journalismus und Wissenschaft – und es ist der Grund, warum sich journalistische Texte in der Regel nicht als Sekundärquelle eignen. Denn wenn man das Originalzitat aufmerksam liest, wird schnell klar, dass Weizenbaum nicht von einem Misthaufen spricht, wie man ihn – wenn auch nur noch selten – auf Bauernhöfen findet. Er spricht eher von einem Müllhaufen. Müssten Sie den Satz Weizenbaums interpretieren, würde die falsche Wiedergabe womöglich ihre Bewertung beeinflussen. Die »kleinen Schätze« hat der dpa-Berichterstatter im Übrigen dazu erfunden, vermutlich, um die sonst sehr kurze Sequenz aufzuwerten.

Wie man zitiert

Jedes Zitat wird durch doppelte Anführungszeichen kenntlich gemacht (»Zitat«).

Wird innerhalb eines Zitates eine Passage zitiert, so steht diese in einfachen Anführungszeichen (»Zitat 1 ›Zitat 2‹ Zitat 1«).
Wie aber nun das Zitat belegen? Im Gebrauch sind zwei Systeme: das gute alte deutsche und das moderne amerikanische (auch Harvard-Zitierweise).

Die deutsche Zitierweise. In der traditionellen deutschen Zitierweise kennzeichnen Sie das Zitat mit einer Fußnote. Am Fuß der Seite oder am Ende des Textes führen Sie die Quelle an. Ein Fachbuch würden Sie zum Beispiel so zitieren:

1) Krugman, Paul/Wells, Robin: Volkswirtschaftslehre. Stuttgart 2010, Seite 635

Verweisen Sie in der nächsten Fußnote gleich wieder auf dieses Werk, so reicht

2) ebd., S. 389

»Ebd.« steht für »ebendort«. Gelegentlich wird auch »ders.« für »derselbe Autor« verwandt, zumal wenn ein anderes Werk des gleichen Autors zitiert wird (dann mit Kurztitel des entsprechenden Werkes, z. B.: »ders., Immigrationspolitik, S. 34«)
Zitieren Sie in Ihrer Arbeit einige Seiten weiter erneut aus dem Werk, reicht ein

25) Krugmann, a. a. O., S. 468

Sie sehen schon, das kann jetzt eine ziemliche Blätterei werden, denn »a. a. O.« steht für »am angegebenen Ort«, und den muss der Leser in Ihren Fußnoten erst einmal finden. Taucht der Autor mit mehreren Werken auf, sollten Sie zusätzlich einen Kurztitel angeben (z. B.: »Krugman, Rezession, a. a. O., S. 246«). Sämtliche zitierten Werke müssen zusätzlich im Literaturverzeichnis aufgeführt werden.

Die amerikanische Zitierweise. Wie so oft, gehen die Amerika-
ner pragmatischer vor. Sie nennen einfach den Namen des Autors, das Erscheinungsjahr und die Seitenzahl in Klammern hinter dem Zitat (Krugman/Wells, 2010: 635). Handelt es sich um
ein indirektes Zitat, so steht ein »vgl.« vor dem Autorennamen.
Bei besonders fleißigen Autoren mit mehreren Veröffentlichungen in einem Jahr, ordnen Sie diese alphabetisch mit a, b, c usw.
Die kompletten bibliografischen Angaben findet der Leser im
Literaturverzeichnis – und nur dort.

Wichtig: Für welche Zitierweise Sie sich entscheiden, hängt von
Ihren Vorlieben sowie denen des Dozenten und den Vorgaben
des Instituts ab. Das gilt auch für die Feinheiten, zum Beispiel
ob die Autorennamen durch Komma oder Querstrich getrennt
werden. Entscheidend ist:

**Sie müssen die Zitierweise in Ihrer gesamten Arbeit ein-
heitlich handhaben.**

Die richtige Quellenangabe

Die Literatur, die Sie für Ihre Arbeit benutzt haben, müssen Sie
im Literaturverzeichnis vollständig aufführen. Diese Tabelle gibt
einen Überblick darüber, welche Angaben notwendigerweise
zu einer korrekten Literaturangabe gehören.

	Monografie	Aufsatz (Sammelband)	Aufsatz (Zeitschrift)
Autor (Vor- und Zuname)	ja	ja	ja
Titel	Buchtitel	Aufsatztitel	Aufsatztitel
Untertitel	Buchuntertitel	ggf. Aufsatz-untertitel	ggf. Aufsatz-untertitel
Erscheinungs-ort	ja[1]	ja[1]	nein
Erscheinungs-jahr	ja[2]	ja	Jahr, Jahr-gang, Heft-nummer
Herausgeber-namen	entfällt[3]	ja	ggf.[4]
Seiten	nein	ja	ja

1 Zusätzlich kann der Verlag angegeben werden.
2 Sollte das Werk in mehreren Auflagen erschienen sein, geben Sie die benutzte Auflage an, entweder durch eine hochgestellte Ziffer (2008[4]) oder durch einen expliziten Hinweis (2008 (4. Aufl.)).
3 Manchmal erscheinen Monografien im Rahmen von Schriftenreihen. In diesem Fällen können Sie den Reihennamen sowie den Namen des Herausgebers/der Herausgeber angeben.
4 Eher selten werden die Namen der Herausgeber einer Zeitschrift genannt. Zumal viele wissenschaftliche Zeitschriften ein Herausgeberkollegium haben, das mehrere Dutzend Mitglieder umfassen kann.

Das Literaturverzeichnis ist immer alphabetisch geordnet. Deshalb sollten Sie den Nachnamen des Autors oder der Autorin zuerst anführen. Der Vorname wird gelegentlich mit dem Anfangsbuchstaben abgekürzt. Hat ein Werk zwei oder drei Autoren, so schließen sich diese in alphabetischer Reihenfolge und durch einen Querstrich getrennt (/) an. Bei mehr als drei Autoren nennen Sie nur den ersten zusammen mit einem »u. a.«.

Hinter den Namen eines Herausgebers setzen Sie (Hg.) oder (Hrsg.), bei mehreren (Hgg.). Wenn der Verfasser nicht genannt wird, führen Sie das Werk unter »o. V.« auf.

Am besten lernt es sich an Beispielen. Deswegen hier einige Vorbilder für korrekte Literaturangaben.

Zunächst eine Monografie:

McCallum, Bennett T. (1989), Monetary Economics. Theory and Policy. New York: Macmillan.

oder

McCallum, Bennett T.: Monetary Economics. Theory and Policy. New York, 1989.

Ein Artikel in einem Fachmagazin:

Tobin, James (1956), The Interest Elasticity of Transactions Demand for Cash, in: Review of Economics and Statistics, Vol. 38, S. 241-247.

oder

Tobin, James: The Interest Elasticity of Transaction Demand for Cash. In: Review of Economics and Statistics, Bd. 38/1956, S. 241-247.

Ein Beitrag in einem enzyklopädischen Werk:

Friedman, Milton (1992), Quantity Theory of Money, in: Eatwell, John; Miltgate, Murray und Peter Newman (Hrsg.), The New Palgrave – A Dictionary of Money and Finance, London: Macmillan, S. 247-264.

Ein Beitrag in einem Sammelband:

Hemfort, B./Strube, G.: Syntaktische Strukturen und Sprachperzeption. In: Frederici, A. D.: Sprachrezeption, Göttingen 1999, S. 243-270.

Übrigens:

Punkte, Doppelpunkte, Semikolon, Querstriche – es gibt keine einheitliche Verwendung von Satzzeichen in Literaturangaben. Klugerweise halten Sie sich an die Vorgaben Ihres Institutes oder die Wünsche Ihres Professors. Auf jeden Fall aber verwenden Sie sie strikt einheitlich!

Haben Sie ein Interview mit einer relevanten Person geführt, die wichtige Informationen zur Verfügung gestellt hat, zu denen es keine zugängliche schriftliche Quelle gibt? Dann müssen Sie das Interview im Literaturverzeichnis nachweisen. Sie sollten Namen und Funktion des Interviewten angeben sowie Tag und Ort des Interviews. Am besten, Sie haben eine Tonaufzeichnung, eine Niederschrift oder zumindest eine ausführliche schriftliche Zusammenfassung des Gesprächs parat. Und: Logisch, dass Ihr Fußball-Kumpel und Ihre beste Freundin, die irgendwas vom Hörensagen kennen, keine relevanten Interviewpartner sind.

Sollte das Inhaltsverzeichnis sehr umfangreich werden, können Sie zwischen Originalquellen, Sekundärliteratur und Gesetzessammlungen unterscheiden.

Online-Quellen zitieren

Immer mehr Fachliteratur und Originalquellen sind nur noch online zugänglich. Als Sekundärquellen zitierfähig sind dabei ausschließlich wissenschaftliche und amtliche Veröffentlichungen. Irgendwelche Blogs, Hobby-Abhandlungen oder Einträge bei Wikipedia gelten nicht als Sekundärquelle. Das heißt nicht, dass Sie nicht bei Wikipedia nachschauen dürfen – die Einträge verschaffen Ihnen einen ersten Überblick und die dortigen Quellenangaben einen ersten Zugang. Das gilt besonders für wichtige, häufig angeklickte und häufig bearbeitete Einträge. Bei abseitigen Themen und Beiträgen, die nur von wenigen Menschen bearbeitet wurden, sollten Sie vorsichtiger sein.

Uneingeschränkt zitierfähig sind hingegen die Angaben des Statistischen Bundesamtes (www.destatis.de), des statistischen Amtes der Europäischen Union (Eurostat) (http://epp.eurostat.ec.europa.eu) und der OECD (www.oecd.org).

Das Fatale an Onlinequellen: Heute sind sie da – und morgen stoßen Sie auf einen toten Link. Oder der Text wurde geändert und liest sich nun anders, als von Ihnen zitiert. Deshalb müssen Sie im Literaturverzeichnis angeben, wann Sie das Dokument oder die Seite aufgerufen haben. Ziehen Sie Downloads im PDF-Format den reinen Online-Quellen vor, denn die Wahrscheinlichkeit, dass sich dort die Inhalte ändern, ist naturgemäß geringer. Sicherheitshalber sollten Sie ein Dokument ohnehin herunterladen und auf Ihrem Rechner speichern oder einen Screenshot anfertigen.

Im Literaturverzeichnis geben Sie die vollständige URL (also die Internetadresse) an.

Ein Beispiel, an dem Sie sehen, dass die Literaturangabe der URL ziemlich ausführlich werden kann:

Statistisches Bundesamt: Berechnung des BIP 2010 http://www.destatis.de/jetspeed/portal/cms/Sites/destatis/Internet/DE/Content/Statistiken/VolkswiVolkswirtschaftlicheGesamtrec/Inlandsprodukt/Tabellen/Content75/Gesamtwirtschaft,templateId=renderPrint.psml, 19. Februar 2011.

Ein downloadfähiges Paper können Sie wie folgt angeben:

Kahanec, Martin/Zimmermann, Klaus F.: High-Skilled Immigration Policy in Europe. Diskussionspapier des DIW, 1096 / 2011. Download: http://www.diw.de/de/diw_01.c.100406.de/publikationen_veranstaltungen/publikationen/diskussionspapiere/diskussionspapiere.html (PDF), 19. Januar 2011.

Hintergrund

Die Plagiatsaffäre Guttenberg

Mitte Februar 2011 begann in Deutschland der Streit um ein wissenschaftliches Plagiat, der nur wenige Wochen später den Rücktritt des Bundesministers der Verteidigung, Karl Theodor Freiherr von und zu Guttenberg, zur Folge hatte. In dieser »Plagiatsaffäre Guttenberg« haben leider mehrere Sicherungssysteme des Wissenschaftsbetriebs versagt.

Noch während seiner Zeit als junger Bundestagsabgeordneter hatte zu Guttenberg an der Universität Bayreuth eine rechtswissenschaftliche Doktorarbeit unter dem Titel »Verfassung und Verfassungsvertrag« ➔

eingereicht. Die Arbeit wurde von beiden Gutachtern mit der bestmöglichen Note »summa cum laude« bewertet – doch leider stammten erhebliche Teile des Werkes nicht von Guttenberg selbst. Die Recherche freiwilliger Helfer, die ihre Ergebnisse im Internet in einem Wiki zusammentrugen, ergab, dass sich vermutlich auf rund 80 Prozent aller Seiten nicht korrekt zitierte Inhalte fremder Autoren finden. Viele der Arbeiten, aus denen Textstellen übernommen wurden, tauchen auch nicht im Literaturverzeichnis der Guttenbergschen Dissertation auf. Es verlangt deshalb eine enorme Fantasie, um der Darstellung des ehemaligen Verteidigungsministers zu glauben, sein fehlerhaftes wissenschaftliches Vorgehen sei unbeabsichtigt geschehen.

Bedenklich stimmt, dass weite Teile der deutschen Öffentlichkeit nicht einsehen wollten, dass Plagiate nicht nur wissenschaftlich unredlich sind, sondern auch die moralische Integrität des so Handelnden in Frage stellen. Ein Plagiat besagt schließlich, dass sich jemand mit fremden Federn schmücken will. Der Unterschied in der Dimension des Fehlverhaltens zwischen dem (ja auch nicht gerechtfertigten) Abschreiben bei einer Mathearbeit und den Plagiaten bei einer Promotion wurde vielen Menschen offenbar nicht klar.

Bedenklich stimmt nicht minder, dass beiden Gutachtern an der Uni Bayreuth die zahlreichen abgeschriebenen Stellen nicht aufgefallen sein wollen, obgleich einige nicht als Zitat gekennzeichnete Passagen sogar von Guttenbergs Doktorvater persönlich stammen.

Es ist damit zu rechnen, dass als Folge der Affäre Guttenberg in Zukunft wissenschaftliche Arbeiten noch genauer auf Plagiatsstellen untersucht werden. Für Sie als Student gilt keine Entschuldigung im Sinne: »Der Guttenberg hat das ja auch gemacht!« Bedenken Sie: Letztlich können Sie im Wissenschaftsbetrieb wie im Rest des Lebens nur stolz auf eigene Leistungen sein! Wenn ➔

Sie zum Beispiel bei einem Marathonlauf eine Abkürzung nehmen, werden Sie vielleicht am Ende mit einer Medaille dastehen – sich aber in Ihrem Innersten zu Recht schäbig fühlen.

Interview

mit Edith Püschel, Diplom-Psychologin und Psychotherapeutin

 Edith Püschel arbeitet in der Psychologischen Beratung der Freien Universität Berlin. Sie bietet dort unter anderem individuelle Schreibberatung und gemeinsame Schreibworkshops an.

Welche Rolle spielen Schreibprobleme im studentischen Alltag?

Sie haben einen hohen Stellenwert. Das gilt besonders für die Geistes- und Sozialwissenschaftler, denn bei Ihnen ist das Schreiben von wissenschaftlichen Texten von Anfang an sehr wichtig. Bei der Studienberatung versuchen wir bei Schreibproblemen zunächst herauszufinden, ob es sich um eine Störung aufgrund allgemeiner Belastung handelt, also zum Beispiel um Burnout oder um Anzeichen einer Depression. Beim größeren Teil der Betroffenen, also vielleicht in zwei von drei Fällen, geht es aber in erster Linie um mangelnde Erfahrung und Übung, also um das Handwerkliche.

Was sind da die häufigsten Probleme?

Ich würde vorrangig drei nennen: Erstens schreiben viele Studierende, besonders am Anfang ihres Studiums, ➔

einfach drauflos, ohne dass sie sich schon Gedanken darüber gemacht haben, was sie ihren Lesern eigentlich mitteilen wollen. In diesen Fällen wird auch zu selten darüber nachgedacht, an wen sich der Text richtet, so dass der Autor entweder zu viele Informationen voraussetzt oder zu viel erklärt. Zweitens kommt aber auch das Gegenteil vor: Manche Studierende fangen überhaupt nicht an zu schreiben, weil sie sich zu sehr in die Lektüre der Fachliteratur vertieft haben. Sie haben oftmals das Gefühl, noch nicht genug zu wissen und schieben deshalb den Beginn des Schreibens zu lange auf. Und drittens haben wir es mit Studierenden zu tun, die sich zu wenig von den gelesenen Texten lösen. Die kommen dann mit einer riesigen Zettelsammlung an, die aus lauter Exzerpten besteht, haben sich aber keine klaren Gedanken darüber gemacht, welche Informationen und Interpretationen für ihr Thema und ihre These von Bedeutung sind. Sie haben es beim Lesen vernachlässigt, die angelesenen Informationen mit Blick auf einen Fokus oder eine Fragestellung zu strukturieren.

Was raten Sie in diesen Fällen?

Wir haben unterschiedliche Möglichkeiten der Beratung. Das reicht von Einzelcoaching bis zu Schreibworkshops, bei denen sich die Studierenden auch gegenseitig unterstützen. Für viele ist es schon eine Erleichterung zu wissen, dass sie mit ihren Schreibschwierigkeiten nicht alleine sind. Wir vermitteln systematische und kreative Methoden, Schreibideen zu finden und Einfälle zu strukturieren. Darüber hinaus vermitteln wir Strategien, mit denen Schreibblockaden gelöst werden können. Dafür ist es wesentlich, Schreiben als Prozess mit vielen vorbereitenden Teilarbeitsschritten verstehen zu lernen. Hilfreich sind zum Beispiel Verfahren des Brainstormings, aber auch Anregungen, die eigenen Gedanken erst einmal ➔

ungeformt niederzuschrieben. Oder die Übung für eine These einen Pro- und einen Contra-Artikel zu schreiben, um Klarheit über die inhaltlichen Positionen zu finden. Auf diese Weise gewinnt man verschriftlichtes Ausgangsmaterial, mit dem man weiterarbeiten kann. In späteren Schritten hilft es, sich beim Redigieren des eigenen Textes in eine Art inneren Dialog zu versetzen, in dem der Autor einmal seine Rolle als Verfasser und dann die Rolle eines neutralen Lesers übernimmt.

Wie schätzen die Studierenden den Schreibaufwand ein?

Sie unterschätzen ihn am Anfang gewaltig. Nach unseren Beobachtungen dauert das Schreiben am Ende oft doppelt so lange, wie zunächst vermutet wurde. Deshalb ist es von zentraler Bedeutung, gleich zu Beginn einen realistischen Zeitplan zu erarbeiten und deutlich zu machen, dass es wichtig ist, das Thema rechtzeitig zu begrenzen. Nach einem Drittel der zur Verfügung stehenden Zeit sollte die reine Lesephase beendet sein. Jetzt gilt es, eine Gliederung zu erarbeiten, damit der spätere Text eine nachvollziehbare Struktur bekommt. Außerdem muss immer genug Zeit zum Redigieren des Geschriebenen vorgesehen werden.

Werden die Studierenden bei Schreibproblemen ausreichend unterstützt?

Leider wird an deutschen Universitäten, anders als in den angelsächsischen Ländern, die Fähigkeit, sich mündlich und schriftlich auszudrücken, nicht ausreichend unterrichtet. Mancherorts herrscht noch die Ansicht vor, es handle sich um eine Begabung – das könne man oder man könne es nicht. Aber wissenschaftliches Schreiben ist in erster Linie Handwerk. Es geht darum, sich so ➜

präzise und eindeutig wie möglich auszudrücken. Dafür benötigt man eine professionelle Einstellung zum Schreiben – und die kann man sich aneignen. Dazu gehört im Übrigen eine Kultur der Textkritik untereinander. Viele Studierende könnten sich gegenseitig bei Schreibproblemen helfen, indem sie sich untereinander austauschen. Wenn vorher klare Feedbackregeln festgelegt worden sind, entwickelt sich daraus ein sehr produktiver Prozess.

Was sollten Studierende tun, wenn sich ihre Schreibprobleme nicht mit solchen handwerklichen Mitteln lösen lassen?

Dann sollten sie auf jeden Fall die psychologische Beratung ihrer Universität aufsuchen. In diesen Fällen gilt es, die hinter den Schreibschwierigkeiten liegenden Probleme aufzuspüren. Diese können struktureller Art sein, was zum Beispiel bei Doktoranden und ihrer Rolle im Universitätsgefüge immer wieder vorkommt, oder persönlicher Natur. Letztere können sehr vielfältig sein, von narzisstischen Störungen bis zu Schwierigkeiten, sich vom Elternhaus zu lösen. In der Beratung wird man versuchen, mit den Studierenden zusammen eine Lösung zu erarbeiten und das weitere Vorgehen zu planen.

6 Wie überwinde ich Schreibblockaden?

Um was es in diesem Kapitel geht:
▸ Wie kläre ich meine Position zu einem Thema?
▸ Wie fange ich mit dem Schreiben an?
▸ Was tue ich, wenn ich beim Schreiben nicht weiterkomme?

Selbst berühmte Schriftsteller erleben manchmal eine Schreibblockade. Und viele Journalisten und Autoren leiden wie ein Hund, wenn sie vor einem leeren Bildschirm sitzen und mit dem Schreiben beginnen sollen. Schriftsteller, die behaupten, Schreiben bereite ihnen keinerlei Probleme, sind nicht immer die besseren. Deshalb müssen Sie sich nicht schämen, wenn ihr Schreibprozess einmal nicht so flutscht.
Ein paar einfache Methoden können Ihnen frischen Schub geben:

1. Problem: Sie wissen nicht, was Sie zu einem Thema sagen sollen

▸ **Abstand schaffen.** Der erste und einfachste Versuch: Machen Sie Ihren Kopf frei. Sollten Sie Läufer sein, schnüren Sie einfach Ihre Laufschuhe und machen sich auf den Weg. Bei der regelmäßigen Bewegung des Laufens schüttet Ihr Gehirn bestimmte Neurotransmitter aus, die die Kreativität anregen. Ein flotter Spaziergang tut's auch. Falls Sie zum bequemeren Teil der Menschheit gehören: Untersuchungen zufolge kommen vielen Menschen in der Badewanne die besten Ideen. Und nicht zuletzt hilft es, einmal darüber zu schlafen. Während des Schlafs vernetzen sich die Neuronen neu. Es kann sein, dass Ihnen beim oder nach dem Aufwachen die erlösende Idee kommt.
▸ **Kreativitätsblume.** Diese Methode lehnt sich an das Brainstorming an, kann aber auch eingesetzt werden, wenn Sie nicht in einer Gruppe sind. Zeichnen Sie einen Kreis in die Mitte eines Blatt Papiers. Darin schreiben Sie den Schlüsselbegriff Ihrer Arbeit. Dann ergänzen Sie Blütenblätter, die sich an diesen Kreis anschließen. In jedes Blütenblatt schreiben Sie ein neues Stichwort. An die inneren Blütenblätter schlie-

ßen sich weitere an, so dass eine immer größere Blüte entsteht. Am Ende prüfen Sie, welche der Begriffe, auf die Sie solcherart gestoßen sind, Ihnen dabei helfen, sich über die Breite Ihres Themas klar zu werden.

▸ **Pro-Contra-Artikel.** Sie haben bereits eine zentrale These, einen Buszuruf, und Ihnen fehlen die Argumente. Dann formulieren Sie zwei Kommentare. In einem fassen Sie alle Pro-Argumente zusammen, die Ihnen einfallen, im anderen versammeln Sie die Contra-Argumente. In dieser Phase können Sie auch auf abwegig oder absurd erscheinende Argumente zurückgreifen – später sondern Sie diese einfach wieder aus.

▸ **Straße mit Wegmarken.** Zeichnen Sie eine Straße, an deren Ende Sie ein Ziel markieren. In dieses Ziel schreiben Sie Ihre zentrale These. Nun setzen Sie Wegmarken an den Straßenrand. Nun sammeln Sie Ihre einzelnen Argumente. Stellen Sie sich vor, Sie würden mit einem Fahrzeug die Straße entlangfahren. Ihre Argumente tragen Sie als Wegmarken und Wegweiser ein. Müssten Sie an einer Stelle umkehren, um ein Argument noch mitnehmen zu können? Führt Sie ein Argument von der Fahrbahn ab? Dann müssen Sie es neu zuordnen – so lange, bis Sie ohne Umwege zu Ihrem Ziel gelangen.

2. Problem: Sie wissen nicht, wie Sie mit dem Schreiben anfangen sollen

▸ **Écriture automatique.** Notieren Sie sich einen Anfangssatz, der Ihr Thema einleitet (oder formulieren Sie den Buszuruf). Dann schreiben Sie ohne große Unterbrechung zehn bis fünfzehn Minuten durch (oder so lange, wie Sie es körperlich durchhalten). Folgen Sie dem Fluss Ihrer Ideen, lassen Sie sich nicht ablenken, recherchieren Sie nicht zwischendurch irgendetwas im Internet, schlagen Sie nicht in Ihren Aufzeichnungen nach. Es geht darum, dass Sie in dieser Zeit einen Textkörper entstehen lassen, an dem Sie weiterarbeiten können. Mit vorhandenem Text lässt es sich wesentlich leichter arbeiten, als wenn Sie vor einem leeren Dokument am Bildschirm sitzen. Dank der Textverarbeitungsprogramme ist es kein großes Problem, Fakten einzufügen, Formulierungen zu glätten und Sätze umzustellen.

▸ **Sprechen statt schreiben.** Erzählen Sie einem Kommilitonen oder einer Bekannten, was Sie in Ihrem Text schreiben wollen. Allein dadurch, dass Sie Ihre Gedanken mündlich formulieren müssen, werden Sie sie bereits ordnen. Es fällt ihnen dann leichter, genau das aufzuschreiben. Sicherlich werden Sie den Text dann noch verwissenschaftlichen müssen – aber das ist leichter als vor einem leeren Dokument zu sitzen. Sie können diese Methode noch ausbauen, indem Sie sich ein preisgünstiges Diktiergerät besorgen und ihren Text darauf sprechen. Schon beim Abschreiben des Bandes (heute ja eher ein Chip) werden Sie den Text erneut verändern und weiterentwickeln. Den dann vorliegenden Text werden Sie zum Schluss noch so bearbeiten müssen, dass er wissenschaftlichen Anforderungen entspricht.

3. Problem: Sie geraten beim Schreiben ins Stocken.

▸ **E-Mail schreiben.** Dieser Tipp stammt von dem Schweizer Kommunikationsforscher Daniel Perrin, der in Zürich Schreibprozesse von Laien und Profis erforscht. In seinem Buch »Schreiben im Beruf« schlägt er vor: »Öffnen Sie ein neues File, am besten im E-Mail-Programm. Mailen Sie Ihrem Freund, Ihrer Freundin [...], was Sie gerade tun: was Sie in Ihrem Text bereits gesagt haben, was Sie noch sagen wollen, wieso Sie jetzt nicht weiterkommen. ›Ich schreibe hier gerade über das Thema X, und jetzt will ich eigentlich sagen, dass...‹ Schreiben Sie Ihre Mail in einem Zug durch. In Mails darf man Fehler machen; und Mails schreibt man schnell, man spricht Sie in die Tasten.«

▸ **Abschreibtechnik.** Ebenfalls von Daniel Perrin vorgeschlagen wird die Abschreibtechnik. Der Kommunikationsforscher rät, den bislang geschriebenen Text auszudrucken, neben den Rechner zu legen und noch einmal abzutippen. Dabei geht es nicht darum, wörtlich zu wiederholen, was Sie schon geschrieben haben. Vielmehr sollten Sie einen Absatz lesen und ihn dann aus dem Gedächtnis niederschreiben. Beim Abschreiben fassen Sie Gedanken neu zusammen, kommen auf flüssigere Formulierungen und regen das Weiterdenken an.

7 Was muss ich sonst noch bedenken?

Um was es in diesem Kapitel geht:
- ▸ Wie Sie mit Ihrem Text umgehen, nachdem Sie ihn geschrieben haben.
- ▸ Wieso Sie einen Text lektorieren, redigieren und korrigieren müssen.
- ▸ Wie Sie verhindern, Fehler zu übersehen.

Wenn Sie den letzten Satz Ihrer Arbeit niedergeschrieben haben, ist Ihr Text noch nicht fertig. Denn mit hoher Wahrscheinlichkeit finden sich darin noch zahlreiche Fehler und Unklarheiten. Sie müssen deshalb einige weitere Arbeitsschritte einplanen. Woran Sie schon erkennen: Wird der letzte Abgabetermin für Ihre Bachelorarbeit Dienstag, 0 Uhr, sein, so sollten Sie auf keinen Fall Dienstag um 22.30 Uhr das Schreiben beenden, noch schnell alles ausdrucken und das Ganze um 23.49 Uhr in den Briefkasten des Instituts werfen. Dieser Fall klingt nur nach Übertreibung, ist er aber nicht. Der Autor dieses Ratgebers hatte Kommilitonen, die genau auf diese Weise vorgegangen sind. Deren Arbeiten erhielten sämtlich einen Notenabschlag – wegen Fehlern in der Rechtschreibung, Grammatik und wegen formaler Ungenauigkeiten.

> **Planen Sie mindestens zwei bis drei Tage für die Korrekturphase ein. So tragen Sie dazu bei, dass Ihre Arbeit nicht wegen formaler Mängel abgewertet wird.**

Am besten ist es natürlich, wenn Sie einen Freund oder eine Freundin bitten, Ihre Arbeit sorgfältig zu lesen. Dabei kann er oder sie zwei unterschiedliche Schwerpunkte setzen:

Korrigieren. Dabei geht es in erster Linie darum, die Arbeit auf Fehler in der Rechtschreibung, Zeichensetzung und Grammatik zu überprüfen. Außerdem wird ein Korrektor auf eine einheitliche Schreibweise von Eigennamen oder Fremdworten achten. Ein guter Korrektor wird zudem überprüfen, ob Sie Fußnoten korrekt zugeordnet haben und die Formatierungen stimmen.

Kurzum: Es geht um die formale Richtigkeit Ihrer Arbeit. Wenn es Ihnen das wert ist, können Sie auch einen professionellen Korrektor beauftragen, der besonders dudensicher und erfahren ist.

Darauf sollte der Korrektor besonders achten:

▶ **Zeichensetzung.** Falsch gesetzte Kommas gehören zu den häufigsten Fehlern junger Autoren. Nicht korrekte Zeichensetzung stört aber den Lesefluss und kann sogar zu Missverständnissen führen.

▶ **Rechtschreibung.** Ein paar typische Fehler sind die Verwechslung von »dass« und »das«, die Groß- und Kleinschreibung sowie die Getrennt- und Zusammenschreibung.

▶ **Grammatik.** Vor allem der korrekte Gebrauch des Genetivs (und nicht: von dem Genetiv) bereitet einigen Autoren Schwierigkeiten.

▶ **Einheitlichkeit.** Manche Wörter kann man auf unterschiedliche Art und Weise schreiben. Wichtig ist, dass sie innerhalb einer Arbeit einheitlich verwendet werden. Das gilt auch für die Zitierweise, den Umgang mit Fußnoten und ähnliche Formalia.

Die Rechtschreib- und Grammatikprüfung gängiger Textverarbeitungsprogramme hilft Ihnen auf jeden Fall weiter. Doch die Programme entdecken nicht jeden Fehler, vor allem nicht, wenn Sie ein Wort zwar richtig schreiben, es aber nicht das richtige Wort ist (zum Beispiel »wäscht« statt »wächst«).

Übrigens:

Kleinere Schwierigkeiten mit der Rechtschreibung oder Zeichensetzung sind keine Schande. Vor allem die Regeln, wann etwas groß, wann klein, wann zusammen und wann getrennt geschrieben wird, sind oftmals weder logisch noch leicht zu erlernen. Ein Duden oder ein anderes anerkanntes Nachschlagewerk kann Sicherheit geben. Sollten Sie aber massive Probleme haben (und nicht unter Legasthenie leiden), hilft nur büffeln!

Wenn Sie den Hintergrund über »Lesen und Gehirn« beachtet haben, werden Sie verstehen, warum wir beim Korrekturlesen so oft Rechtschreibfehler übersehen. Wir nehmen nämlich Wörter als Wortbilder wahr. Deshalb übersehen wir verdrehte Buchstaben oder falsche Endungen. Dies können Sie verhindern, indem Sie Ihren Text ausdrucken und ihn dann Silbe für Silbe laut (also murmelnd) vorlesen – am besten mit dem Finger die Zeile entlangfahrend.

Übrigens:

Sorgfalt ist gut, aber Perfektionismus führt nur zu Frustrationen. Sie werden niemals alle Fehler entdecken – irgendetwas schlüpft immer durch. Der Autor dieses Ratgebers hat damit seine Erfahrung. Das Manuskript eines seiner Bücher hat er dreimal sorgfältig durchgelesen. Ein Lektor und ein Korrektor des Verlages haben daran gearbeitet. Als er das druckfrische Buch willkürlich auf einer Seite aufschlug, sprang ihm sofort ein Druckfehler ins Auge.

Lektorieren (im Journalismus spricht man auch von redigieren). Ein Lektor macht mehr als nur Rechtschreibfehler zu suchen. Beim Lektorat geht es in erster Linie darum, die Arbeit auf ihre argumentative Korrektheit, ihre logische Stringenz und einen verständlichen Aufbau zu überprüfen. Außerdem wird der Lektor darauf achten, dass Sie klare und verständliche Sätze schreiben.

Abstand schaffen

Sie wollen Ihre Arbeit, bevor Sie sie einem Dritten vorlegen, selbst noch einmal Korrektur lesen oder sich selbst lektorieren? Dann ist es wichtig, dass Sie Abstand schaffen. Sie sollten auf jeden Fall einmal darüber schlafen. Den letzten Satz tippen, ausdrucken und sofort mit dem Korrekturlesen beginnen – das ist nicht sinnvoll. Zum einen sind Sie vermutlich viel zu erschöpft, zum zweiten ist Ihr Gehirn noch ganz mit dem Stoff befasst. Am nächsten Tag sind Sie frischer.

Bewährt hat es sich zudem, für die Korrekturphase die Textgestalt, also die Formatierungen, zu verändern. Das heißt, sie ändern die Schriftart, den Zeilenabstand, die Größe der Seitenränder, eventuell die Art des Umbruchs (Flattersatz oder Blocksatz) und drucken den Text erneut aus. Dadurch gewinnen Sie einen frischen Blick auf das Geschriebene. Kopieren Sie am besten die Datei des Dokumentes (damit Sie sich im Original nicht alle Formatierungen zerschießen).

Arbeit fertigstellen

Wenn Sie die Arbeit endgültig ausdrucken, achten Sie darauf, dass keine Seiten fehlen und der Umbruch fehlerfrei ist. In manch einer Bachelorarbeit sind schon halbseitige Lücken entstanden, weil die Autoren vergessen hatten, einen von ihnen gesetzten Seitenumbruch zu löschen.

Wenn Sie alles beisammen haben, die Arbeit korrigiert und fehlerfrei ausgedruckt ist, dann sind Sie bei einfachen Seminar- und Hausarbeiten fertig. Herzlichen Glückwunsch! Bei Bachelor- und Masterarbeiten ist es hingegen oftmals üblich, die Arbeit binden zu lassen. Das kostet ein paar Euro, macht aber im Erscheinungsbild etwas her. Meistens benötigen Sie auch mehrere Exemplare – in vielen Fällen zusätzlich ein PDF-Dokument, das Sie in der Regel mit Ihrem Textverarbeitungsprogramm erzeugen können.

Besondere Regeln gelten für Dissertationen. Hier besteht meist Veröffentlichungspflicht. Häufig müssen die Dissertationsschriften in einer bestimmten Auflage gedruckt und die Belegexemplare verschiedenen Bibliotheken zur Verfügung gestellt werden. Manche Dissertationen werden in wissenschaftlichen Fachverlagen veröffentlicht. Sollte man eine Karriere an einer Universität anstreben, dient eine solche Veröffentlichung dem Prestige – sie ist aber teuer, weil die Autoren dem Verlag einen Zuschuss bezahlen müssen. Günstiger und gemäß vieler Dissertationsordnungen inzwischen üblich ist die elektronische Veröffentlichung.

Am Ende jeder Ihrer wissenschaftlichen Arbeiten können Sie Bilanz ziehen: Sie haben nicht nur Ihr Wissen erweitert, sondern Sie haben dazu beigetragen, dass das Wissen der gesamten Menschheit weiter anwächst. Und sei es nur ein winzig-kleines Bisschen...

Checkliste für Ihre wissenschaftliche Arbeit

Diese Fragen sollten Sie sich zu Beginn einer wissenschaftlichen Arbeit stellen. Wie Sie die richtigen Antworten auf die Fragen finden, lesen Sie auf den vorangegangenen Seiten dieses Buches.

▶ Welche Anforderungen werden an meine Art der Arbeit gestellt (Seminararbeit, Bachelorarbeit, Masterarbeit)?

▶ Wie lautet mein Erkenntnisinteresse?

▶ Wie lautet meine Arbeitshypothese?

▶ Was würde ich einem Freund am Bus über die wichtigste Erkenntnis meiner Arbeit zurufen wollen (Buszuruf)?

▶ Wie lauten die Forschungsfragen?

▶ Wähle ich eine empirische Arbeit oder eine Literaturarbeit?

▶ Wie umstritten ist mein Thema oder meine These in der Wissenschaft? Plane ich, die kontroversen Meinungen ausreichend zu reflektieren?

▶ Welche grundsätzliche wissenschaftliche Position vertritt mein Betreuer zu meinem gewählten Thema? Welche Haltung nehme ich dazu ein? Fühle ich mich ausreichend gewappnet, eventuell eine gegensätzliche Meinung zu der meines Betreuers zu vertreten?

▶ Welchen Umfang soll meine Arbeit annehmen?

▶ Wie viel Zeit plane ich für die Vorbereitung, die Recherche und den Schreibprozess ein?

▶ Wie viel Zeit habe ich für das Redigieren vorgesehen?

▶ Wie gut sind die Primärquellen zugänglich? Wie gut ist die Sekundärliteratur zugänglich?

▶ Wie gliedere ich meine Arbeit?

▶ Argumentiere ich logisch und nachvollziehbar?

▶ Mit welchem Umfang plane ich? Ist dieser Umfang angemessen?

▶ Welche Zitierweise wähle ich (deutsch oder amerikanisch)?

▶ Welche Angaben benötige ich für meine Art der Literaturangabe? Habe ich von allen konsultierten Werken die notwendigen Angaben?

- ▶ Welchen wissenschaftlichen Rang haben die von mir zitierten Werke? Gelten sie als zitierfähig?
- ▶ Habe ich zitierte PDF-Dateien aus dem Internet heruntergeladen? Habe ich die vollständige URL von Texten aus dem Internet?
- ▶ Habe ich darauf geachtet, alle von anderen Autoren übernommenen Zitate und Gedanken zu kennzeichnen und zu belegen?
- ▶ Ist mein Literaturverzeichnis vollständig?
- ▶ Wie verständlich und lesbar ist mein Text? Habe ich mich bemüht, Kompliziertes sowohl korrekt als auch verständlich darzulegen?
- ▶ Wie würde ich meinen Text im Beurteilungsfenster des Hamburger Verständlichkeitsmodells einordnen?
- ▶ Habe ich alle Fachbegriffe richtig verwendet?
- ▶ Habe ich den fertigen Text sorgfältig auf Rechtschreib- und Grammatikfehler korrigiert?
- ▶ Ist die Zeichensetzung korrekt?
- ▶ Habe ich alles beisammen (Deckblatt, Eidesstattliche Erklärung, Anhang), bevor ich die Arbeit zum Binden bringe?

Stichwortverzeichnis